一年通して楽しめる！

アイデア いっぱい
シアターあそび

阿部 恵

日本文芸社

JN064177

もくじ

※「♪」マークがついている作品は、歌が出てくる作品です。

パネルシアター

ペープサート

巻き込みペープサート

折り紙ペープサート

ゆい先生

ちなつ先生

本書の特長

さまざまな種類のシアターがせいぞろい！

大人気のパネルシアターやペープサートはもちろん、紙皿シアターやうちわシアターなど、さまざまな種類の作品を取り入れています。

0～5歳児まで幅広い年齢の子どもたちが楽しめる作品がたくさん！

乳児はシンプルな応答や動きをまねして楽しめる作品を。幼児はクイズ形式で、保育者と会話のやりとりが楽しめる作品など、子どもの発達や年齢に合わせた作品を選ぶことができます。

(( )) メェメェ

一年を通して活躍する作品もいっぱい！

「ひよこちゃんシリーズ」のパネルシアターや、「なりきりあそび」のできるペープサートなど、季節を限定せず一年中楽しめるテーマの作品を多く紹介しています。

子ども自身が作品を使って、繰り返し遊べる！

「なりきりあそび」は子ども自身が自分の顔にペープサートをあてて遊んだり、「チューリップ」は自分で折り紙を作ったりと、子どもが主体で楽しめる作品がたくさんあります。

本書の見方

年齢 対象年齢の目安です。

作り方・型紙 作り方と型紙のページです。

シアターの種類

「パネルシアター」「ペープサート」「巻き込みペープサート」など、12種類に分けたシアターを、種類ごとに掲載しています。

セリフ

作品を演じるときの演者のセリフです。

演じ方

演じるときの具体的な動き方を記しています。歌は「♪」で示しています。

使うもの

作品を演じる際に使う絵人形や道具を紹介しています。

作り方・型紙

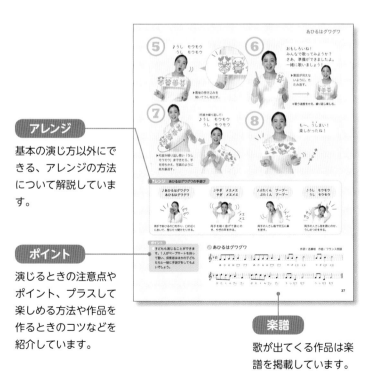

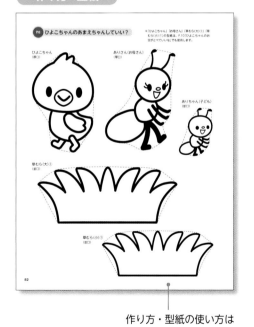

アレンジ

基本の演じ方以外にできる、アレンジの方法について解説しています。

ポイント

演じるときの注意点やポイント、プラスして楽しめる方法や作品を作るときのコツなどを紹介しています。

楽譜

歌が出てくる作品は楽譜を掲載しています。

作り方・型紙の使い方はP.81を参照ください。

ひよこちゃんのあまえちゃんしていい?

「あまえちゃん」とは、親と子の体をこすり合わせ、あまえている姿を、このお話では言い表しています。
だれの「あまえちゃん」が見られるかな?

使う絵人形

ひよこちゃん

お母さん

ありさん(お母さん)

ありちゃん(子ども)

かたつむりさん(お母さん)

かたつむりちゃん(子ども)

かえるさん(お母さん)

かえるちゃん(子ども)

めだかさん
(お母さん)

小川とめだかちゃん
(子どもたち)

草むら(大)①

草むら(小)①

①

ひよこちゃんはお散歩大好き。
今日もお天気がいいので、
お散歩に出かけましたよ。
ピヨピヨピヨ、ピヨピヨピヨと
歩いていくと……。

▶草むら(大)と(小)をはり、ひよこちゃんを出してパネルにはる。

●ありの親子のセットと
子どもの出し方(※1)

親子を
重ねる。

重ねたまま
はる。

ずらして
子どもを
出す。

②

むこうからありさんが
やって来ました。
ひよこちゃん「あっ、ありさん、こんにちは」
ありさん「あら、ひよこちゃん、こんにちは。
　　　　　ちょうどいいわ、ひよこちゃんに
　　　　　私の子どもを見てほしいの」

▶ありの親子をセット
(※1)しておき、パネ
ルにはる。

ひよこちゃん「わぁ、かわいいなあ」
ひよこちゃんとありちゃんは、
今度一緒に遊ぶ約束をしましたよ。

ありさん「ひよこちゃん、ありがとう。
　　　　　さあ、行きましょう」
ありちゃん「はーい。ねえ、お母さん、
　　　　　あまえちゃんしていい？」
ありさん「いいわよ」
ありの親子は帰っていきました。

③
▶ありさんをずらし、裏に隠し
てあるありちゃんを出す。

▶ありの親子を持ち、体
をこすり合わせる「あ
まえちゃん」の動きを
して退場させる。

●かたつむりの親子のセットと
　子どもの出し方（※2）

親子を
重ねる。

重ねたまま
はる。

ずらして
子どもを
出す。

⑤

ひよこちゃんがまた、ピヨピヨピヨ、
ピヨピヨピヨと歩いていくと……。

今度は、かたつむりさんに会いました。
ひよこちゃん「かたつむりさん、こんにちは」
かたつむりさん「ひよこちゃん、こんにちは。
　　　　　　ひよこちゃんに私の子ども
　　　　　　を見てほしいの」

▶かたつむりの親子をセット（※2）
　しておき、パネルにはる。

▶③と同様に、かたつむりさんをず
　らし、裏に隠してあるかたつむり
　ちゃんを出す。

⑥

ひよこちゃん「わぁ、かわいいなあ」
ひよこちゃんは、かたつむりちゃんとも、今度遊ぶ約束をしました。
かたつむりさん「ひよこちゃん、ありがとう。さあ、行きましょう」
かたつむりちゃん「はーい。ねえ、お母さん、あまえちゃんしていい？」
かたつむりさん「いいわよ」
かたつむりちゃん「あまえちゃーん」

ひよこちゃん「バイバーイ。かわいいなあ」
かたつむりさんたちは帰っていきました。
ひよこちゃんが、また
ピヨピヨ歩いていくと……。

▶ありの親子同様に「あまえ
　ちゃん」をして退場させる。

●かえるの親子のセットと
子どもの出し方（※3）

親子を
重ねる。

重ねたまま
はる。

ずらして
子どもを
出す。

今度は、かえるさんに会いました。
ひよこちゃん「かえるさん、こんにちは」
かえるさん「ひよこちゃん、こんにちは。ちょうどいいわ、
　　　　　　ひよこちゃんに私の子どもを見てほしいの」

▶かえるの親子をセット（※3）しておき、パネルにはる。

ひよこちゃん「わぁ、
　　　　　　かわいいなあ」
ひよこちゃんは、
かえるちゃんとも
今度遊ぶ約束をしました。

▶かえるさんをずらし、裏に隠してあるかえるちゃんを出す。

▶ありの親子と同様に「あまえちゃん」をして退場させる。

かえるさん「ひよこちゃん、ありがとう。
　　　　　　さあ、行きましょう」
かえるちゃん「はーい。ねえ、お母さん、
　　　　　　あまえちゃんしていい？」
かえるさん「いいわよ」

かえるちゃん「バイバーイ。あまえちゃーん」
かえるさんたちは帰っていきました。
ひよこちゃんが、また
ピヨピヨ歩いていくと……

小川がありました。小川には、めだかさんが泳いでいます。
ひよこちゃん「めだかさん、こんにちは」
めだかさん「ひよこちゃん、こんにちは。ちょうどいいわ、
　　　　　　ひよこちゃんに私の子どもたちを見てほしいの」

▶めだかの親子をセット（※4）しておき、パネルにはる。

●めだかの親子のセットの仕方（※4）

切り込みA

切り込みAにめだかさんを差し込んでおく。

⑪

切り込みⒷ

ひよこちゃん「わぁ、小さくてかわいい！」
ひよこちゃんは、めだかちゃんたちとも、
今度遊ぶ約束をしました。

▶めだかさんを切り込み
Ⓐから抜いて、切り込
みⒷに差す。めだかの
子どもたちを見せる。

⑫

めだかさん「ひよこちゃん、ありがとう。さあ、
　　　　　いきましょう」
めだかちゃんたち「はーい。はーい。はーい」

▶めだかさんを子どもに近づけ、「あまえちゃん」をして退場させる。

めだかちゃんたち「バイバーイ。あまえちゃーん。
　　　　　あまえちゃーん。あまえちゃーん」
めだかさんたちはいってしまいました。

⑭

ひよこちゃんが、また
ピヨピヨ歩いていくと、
むこうからお母さんが
やって来ました。

ひよこちゃん「お母さーん」
お母さん「あら、どうしたの、ひよこちゃん」
ひよこちゃん「あのね、ありちゃんや、かたつむりちゃんや、
　　　　　かえるちゃんや、めだかちゃんたちと、
　　　　　今度遊ぶ約束をしたの」
お母さん「そう、それはよかったわね。さあ、一緒に帰りましょう」
ひよこちゃん「うん。……ねえ、お母さん、あまえちゃんしていい？」
お母さん「ええ、いいわよ」

⑬

▶にわとりのお母
さんを出してパ
ネルにはる。

▶ひよこちゃんをお母さんに近づける。

あまえちゃーん……。
ひよこちゃんとお母さんは、
ピヨピヨ、コッコ、あまえちゃーん……、
ピヨピヨ、コッコ、あまえちゃーん……と
帰っていきましたとさ。おしまい。

▶お母さんとひよこちゃんを持って、「あまえ
ちゃん」をしながら、ゆっくり退場させる。

9

ひよこちゃんの**お空がとべていいな**

ひよこちゃんがふうせん草を食べて、だんだんと大きくなっていく様子を楽しむシアターです。
子どもたちとやりとりをしながら、約束を守ることの大切さについても伝えましょう。

使う絵人形

ひよこちゃん　お母さん　ふくらんだひよこちゃん

草むら(大)①　草むら(大)②　草むら(小)①　草むら(小)②　ふうせん草(大)　ふうせん草(小)

ふうせん草の実　ちょうちょう　カラス　「ぱ～ん」の吹き出し

準備

草むら(大)①の裏に、草むら(大)②を隠しておく。
※草むら(小)①②も同じように隠しておきます。

ふうせん草(大)のポケット(作り方P.86参照)にふうせん草の実をセットし、ふうせん草(小)を隠しておく。

①

ひよこちゃんは、お散歩が大好き。
今日も気持ちのいいお天気なので、
お散歩に出かけましたよ。
ピヨピヨピヨ、ピヨピヨピヨと
歩いていくと……。

▶ひよこちゃんを出してパネルにはる。

②

「♪ランランラン　ラララララン……」
と、ちょうちょうさんが楽しそうにとんで来ました。
ひよこちゃん「あっ！　ちょうちょうさん、こんにちは」
ちょうちょう「ひよこちゃん、こんにちは」
ひよこちゃん「いいな、ちょうちょうさんはお空がとべて……」
ちょうちょう「いいでしょう。でも簡単。この先に
　　　　　ふうせん草があるから、その実を1つ食べてみて。
　　　　　体がふうせんみたいにふわふわ浮くから。
　　　　　でも絶対に1つだけ。約束ね！」
そう言うと、ちょうちょうさんは行ってしまいました。

▶ちょうちょうを出し、ひよこちゃんと会話をしているようゆっくり動かす。

③

ちょうちょうさんに教えてもらったとおり、
歩いていくと……。ふうせん草がありました。
赤、水色、ピンクの実が3つついています。

▶ふうせん草の実とふうせん草(小)をセットした、ふうせん草(大)
をはる。

④

「食べてみよう！」
ひよこちゃんは、
ピヨピヨピヨーと
食べてみました。

▶ふうせん草の実を
1つとって、ひよ
こちゃんの口に近
づける。

⑤

すると、体がぷくっとふくらんで、
ふわっと浮きました。
「あっ！　浮いた、浮いた。とべた、とべた！
楽しいな、もっと高くとびたいな……。
ふうせん草の実をもう1つ食べてみよう」

ふくらんだひよこちゃんⒶ

▶手に持ったひよこちゃん
とふうせん草の実をはず
して、ふくらんだひよこ
ちゃんⒶをはる。

⑥

あれっ？　ふうせん草の実を2つ食べてもよかったのかな……？
ちょうちょうさんと絶対に1つと約束したよね。
でも、もっと高く空をとびたいひよこちゃんは、
2つめの実もピヨピヨピヨーと食べてしまいました。

▶ふうせん草の実をもう1つと
り、ふくらんだひよこちゃんⒶ
の口に近づける。

すると、ひよこちゃんの体がまた
ぷくぷくっとふくらんで、
ふわふわっと浮きました。
「また浮いた、浮いたー！　楽しいな。
もっともっと高くとびたいな。
ふうせん草の実がもう1つあるから
食べてみよう」と、
ひよこちゃんは喜んで言いました。
あれっ？　ふうせん草の実を
3つも食べちゃうのかな。

⑦

ふくらんだ
ひよこちゃんⒷ

▶ふくらんだひよこちゃ
んⒶと、食べたふうせ
ん草の実をはずして、
ふくらんだひよこちゃ
んⒷをはる。

⑧ ひよこちゃんは、
3つめの実も
ピヨピヨピヨーと
食べてしまいました。

▶ふくらんだひよこちゃんⒷの
位置を下にずらして、最後の
ふうせん草の実をとり、口に
近づける。

⑨ するとまた体がぷくぷくぷくとふくらんで、
ふわふわふわっと浮きました。
「またまた浮いた、ふうせんになったみたい！」
ひよこちゃんは、またまた
ふわふわ、ふわふわととびました。
「わあ〜、こんなに空高くとべた。草があんなに
小さく見える。うれしいなー。楽しいなー」

ふくらんだ
ひよこちゃんⒸ

▶ふくらんだひよこちゃん
Ⓑと食べたふうせん草の
実をはずし、ふくらんだ
ひよこちゃんⒸをはる。

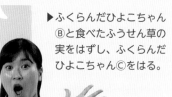

▶草むら（大）①・（小）①とふ
うせん草（大）をはずし、
それぞれ下に隠しておいた小
さな草を出す。

⑩ そこへ、カラスが
やって来ました。
「カアカア、なんだこれ？
へんなの……」

▶カラスをはる。

⑪ そう言うと、とがったくちばしで、
ツンツンツンと
ひよこちゃんをつつきました。
さあ、大変！

▶カラスを持ち、く
ちばしでひよこ
ちゃんをつつく。

●吹き出しとひよこちゃんのセットの仕方（※1）

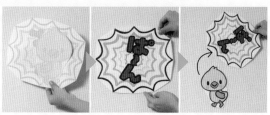

「ぱ〜ん」の吹き出しの裏に、ひよこちゃんを重ねてはる。

⑫ 「ぱ〜ん！……」
ひよこちゃんは破裂してしまいました。
ひよこちゃんがわれちゃったよ！ どうする？

▶ふくらんだひよこちゃんⒸとカラス
をはずし、吹き出しとひよこちゃん
のセット（※1）をパネルにはる。

▶草むら（大）①・（小）①とふ
うせん草の（大）を、それぞ
れの草に重ねてはる。

⑬

「あれー？　空をとんでいない。
おなかも足もある……。
そうか、夢だったんだ。
よかった」
そうです、夢だったのです。

▶「ぱ〜ん」の吹き
出しをゆっくりは
ずし、ひよこちゃ
んを見せる。

⑭

そこへ、お母さんがやって来ました。
お母さん「どうしたの、ひよこちゃん」
ひよこちゃん「今ね、あのね……、
　　　　　　ぽかぽかあたたかいから
　　　　　　ちょっとお昼寝していたの」
お母さん「そう、よかったわね。一緒に帰りましょう」
ひよこちゃん「はーい」

▶お母さんを出す。

⑮

ひよこちゃん「ねえ、お母さん。約束を
　　　　　　守るのって、大切だよね」
お母さん「そう、とっても大切よ。
　　　　　でも、ひよこちゃん、
　　　　　よく気がついたわね。えらいわね」

▶ひよこちゃんとお母さんを
　持って会話をしているような
　動きをする。

⑯

うふふ。約束を守ることの大切さに、
どうして気がついたのかは、
お母さんにはナイショ！
ひよこちゃんとお母さんは、
ピヨピヨコッコ、ピヨピヨコッコ……と
帰っていきました。おしまい。

▶お母さんとひよこちゃんを持ち、「ピ
ヨピヨコッコ」のとき上下に動かし
ながら終わる。

ポイント
● ひよこちゃんがふくらむご
とに、少しずつはる位置を
高くしていきます。
● 草を小さくすることで、ひ
よこちゃんが高く空をとん
でいることを表現します。

2歳から　➡作り方・型紙 **P.88**

クリームシチュー

いろいろな食材を子どもたちと確かめ、作っていく工程を楽しみながら演じてください。
おいしいクリームシチューができるよう、心をこめて演じます。

使う絵人形

鍋

鍋のふた

クリームシチュー

炎

ガスコンロ

バター

とり肉

トレー

グリンピースA

ルーの箱

じゃがいも

たまねぎ

にんじん

牛乳

水

グリンピースB

ルー

準備

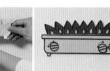

ガスコンロの裏に炎を隠し、引き上げて出すしかけを
作っておく。

クリームシチューはあらかじめ鍋の切り込みのなかに隠しておく。

---

①

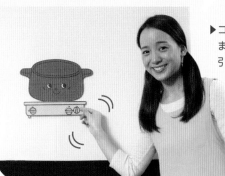

今日はこの大きなお鍋で、
おいしいクリームシチューを
作りましょう。

▶炎を隠したガスコンロと、ク
リームシチューをあらかじめ
セットした鍋をはる。

---

②

まずは、スイッチを入れます。
カチッ、カチッ。

▶コンロのつまみを
まわし、炎を上に
引き出す。

炎が出てきました。

③

お鍋が少しあたたまったところで、
バターを入れましょう。

▶バターを持っていったん見せ
てから、あらかじめ鍋の切り
込みに隠してあるクリームシ
チューの後ろに入れる。

（以下同様）

④

今度は材料を出しますよ。
たまねぎ、にんじん、
じゃがいも、とり肉。
それでは鍋に入れて、
炒めていきましょうね。

▶たまねぎとにんじ
ん、じゃがいも、
とり肉をはる。

⑤

●とり肉のセットの仕方

とり肉はトレーに差し込んでおき、1つずつ抜きとる。

たまねぎ、にんじん、じゃがいも。
それにとり肉はトレーから出して……。

▶鍋に④で出した材料を
入れていく。とり肉は
トレーから1つずつと
り、鍋に入れる。

⑥

ジュージューといい音が
してきましたよ。

⑦

次は、お水です。「ジャー」

▶水さしを出し、
水をそそぐしぐ
さをする。

⑧

お水がたっぷり入りました。
はやく煮えるように、ふたをします。
そしてグツグツ煮ていきましょう。

▶ふたをはる。

⑨ そろそろいいかな？
ふたをとり、
弱火にしていきます。

▶ふたをとり、コンロの
つまみをまわして、炎
を少し下げる。

⑩ ●ルーの箱とルーのセットの仕方

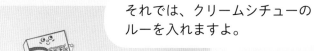

ルーの箱と
ルーを重ねる。　　　重ねたまま
　　　　　　　　　はる。　　　　ずらして
　　　　　　　　　　　　　　　ルーを出す。

それでは、クリームシチューの
ルーを入れますよ。

▶箱からルーをと
り出して、鍋に
入れる。

⑪

仕上げに、牛乳と
グリンピースを入れると、
もっとおいしくなります。

▶グリンピースA・Bをは
る。Bを鍋に入れる。牛
乳を鍋にそそぐしぐさを
する。

⑫

さあ、よーく
かき混ぜましょう。
いいにおいが
してきましたね。

▶鍋をかきまわす
しぐさをする。

⑬ さあ、
できたかなあ？

▶鍋のなかにセットしておいたシチューを少しずつ引き上げる。

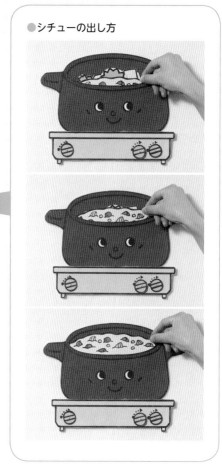

●シチューの出し方

⑭ わあ、おいしそうなクリームシチューができあがりました！
みんなでいっしょに食べましょうね。

▶シチューを全部引き上げる。コンロのつまみを元に戻して、炎を隠す。

ポイント

●シチューは鍋の手前にセットしておきます。たまねぎ、にんじんなどは、<u>シチューの後ろ</u>に入れていきます。

♪ パネルシアター　　⓪歳から　　➡作り方・型紙 P.91

キャベツのなかから

子どもたちの大好きな手遊び歌を、かわいいパネルシアターにしました。
絵人形があることで、より楽しく遊ぶことができます。表情豊かにリズミカルに演じてください。

使う絵人形

キャベツ

おとうさん　　おとうさん
あおむし　　　ちょうちょう

おかあさん　　おかあさん
あおむし　　　ちょうちょう

おにいさん　　おにいさん
あおむし　　　ちょうちょう

おねえさん　　おねえさん
あおむし　　　ちょうちょう

あかちゃん　　あかちゃん
あおむし　　　ちょうちょう

大きなキャベツが
あります。
『キャベツのなかから』
の歌を一緒に歌って
遊びましょう。

▶歌う順番にあおむしの面
を表にして、キャベツの
なかにセットしておく。

♪キャベツのなかから
　あおむしでたよ

▶片手を握り、もう
片方の手で包むよ
うな動作を繰り返
しながら歌う。 🅐の動き

② 　　♪ピッ　　♪ピッ

▶おとうさんあおむしを
2段階で引き出す。

③ 　　♪おとうさんあおむし

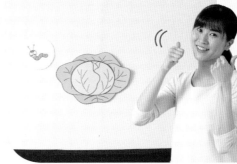

▶両手の親指を
立てて歌う。

18

④

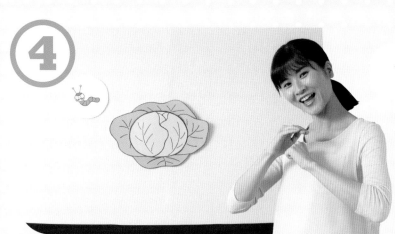

♪キャベツのなかから
　あおむしでたよ

▶Ａの動きを繰り返す。

⑤

♪ピッ　ピッ

▶おかあさんあおむしを②同様に引き出す。

⑥

♪おかあさんあおむし

▶両手の人さし指を立てて歌う。

⑦

♪キャベツのなかから
　あおむしでたよ
　　　ピッ　ピッ

▶Ａの動きを繰り返し、
　おにいさんあおむしを
　同様に引き出す。

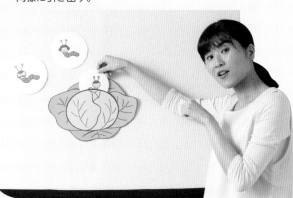

⑧

♪おにいさんあおむし

▶両手の中指を立てて歌う。

♪キャベツのなかから
あおむしでたよ
ピッ　ピッ

▶Ａの動きを繰り返し、
おねえさんあおむしを
同様に引き出す。

♪おねえさんあおむし

▶両手の薬指を立てて歌う。

♪キャベツのなかから
あおむしでたよ
ピッ　ピッ

▶Ａの動きを繰り返
し、あかちゃんあ
おむしを同様に引
き出す。

⑫

♪あかちゃんあおむし

▶両手の小指を立てて歌う。

⑬

♪キャベツのなかから
あおむしでたよ

▶ゆっくり歌いながらＡの
動きを繰り返す。

⑭

▶おとうさんあおむしを裏
返し、おとうさんちょう
ちょうにする。

♪ピッピッ

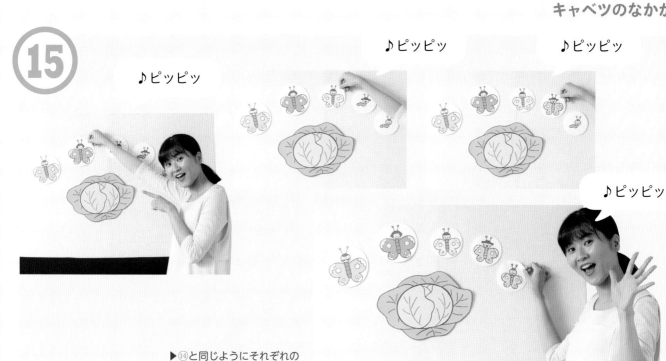

⑮

♪ピッピッ　　　♪ピッピッ　　　♪ピッピッ

♪ピッピッ

▶⑭と同じようにそれぞれの
あおむしを裏返し、ちょう
ちょうにする。

⑯

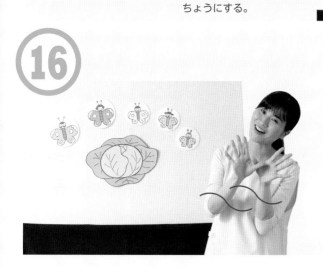

♪ちょうちょうになりました

▶両手の親指を交差させて
ちょうちょうをまね、ひ
らひらさせる。

あおむしから、
かわいいちょうちょうに
なりました。

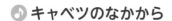

ポイント

● キャベツからあおむしを引き
出すとき、子どもたちの反応
を見ながら少しずつ引き出す
と、期待感が増します。

🎵 **キャベツのなかから**

作詞・作曲 / 不詳

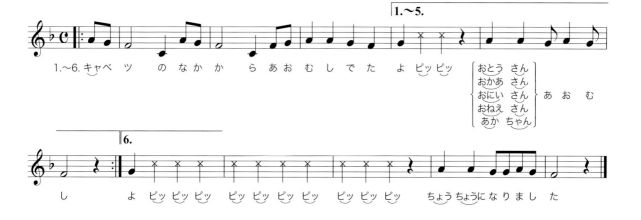

とっつこうか ひっつこうか 〈日本昔ばなし〉

働き者で正直なおじいさんと、怠け者で欲張りな隣のおじいさんのお話です。
ブラックライトを使って演じます。カーテンをしめたり電気を消したりして、部屋は少し暗くしたほうがよいでしょう。

使う絵人形

 おじいさん

 （表）隣のおじいさん

 （裏）隣のおじいさん

 「とっつこうか〜」の吹き出し

 「ひっつこうか〜」の吹き出し

 一番星

 小判（10枚）

 ヘビ

 コウモリ

 ねこおばけ

 ムカデ

 ちょうちんおばけ

 ミミズ

 かさおばけ

 おばけ

①

むかしむかしのお話です。
あるところに、とても働き者の
おじいさんがいました。
朝から晩まで、いっしょう
けんめい仕事をしました。

▶おじいさんを
中央にはる。

②

今日も山で仕事をして、
焚き木をひろって家に帰るところです。
「おお、もう一番星もあんなにはっきり
見える。おばあさんが心配するから、
急いで帰ろう」とおじいさんは
山道をくだっていきました。

▶一番星を右上
にはる。

③

スタコラ サッサ、スタコラ サッサと
山から降りていたそのときです。

▶糸止めしてある、焚き木を上下に動かす。

なまあたたかい風が
フワ〜ッと吹いてきたかと思うと、
天から「とっつこうか〜」
という声が聞こえてきました。

▶迫力のある大きな声でセリフを言いなが
ら、「とっつこうか〜」の吹き出しをはる。

さらに「ひっつこうか〜」
という声も聞こえてきます。

▶同様に「ひっつこうか〜」の
吹き出しもはって、「とっつ
こうか〜」「ひっつこうか〜」
を2、3回繰り返して言う。

④

⑤ おじいさんは
少し怖かったのですが、
「とっつくんなら、とっつけ！
ひっつくんなら、ひっつけ！」
と、大きな声で言いました。

⑥ すると、どうでしょう。天の声は
ぱたりとやんで、なにやら光るものが、
チャリン、チャリン、チャリンと
ふってきました。
よく見ると、それは小判（お金）でした。
たくさん、たくさんふってきます。

▶「とっつこうか〜」
「ひっつこうか〜」
の吹き出しをはず
し、小判をパネル
いっぱいにはる。

⑦ ふったかと思うと、今度は
ペタ！　ペタ！　ペタ！と、
小判がおじいさんにとっつきました。
ピタ！　ピタ！　ピタ！と、ひっつきました。
ペタ！　ペタ！　ピタ！　ピタ！……
小判は、おじいさんの体中にくっつきました。

▶小判を焚き木の
間に差し込む。

⑧「不思議なこともあるもんだ」
おじさんは、ひとりごとを
言いながら、
山を降りていきました。

⑨ 家の近くまで来ると、隣に住んでいる仕事が大嫌いで
欲張りなおじいさんに、ばったりと会いました。
隣のおじいさん「やや！　いったいその小判はどうしたんじゃ!?」
おじいさん「実はな、山で、これこれ、しかじか……
　　　　　それで、小判がくっついたんじゃよ」
隣のおじいさん「なんじゃと、そんな簡単なことで
　　　　　小判がもらえるなら、わしも行ってこよう」

▶隣のおじいさんをはる。

23

⑩

隣のおじいさんは、
急いで山道をかけ登りました。
おじいさんは
「暗いから、明日にしたらどうじゃー？」
と言いましたが、隣のおじいさんは
聞いていません。山道を登って
「さあ、このへんでいいじゃろう」と、
天から声がするのをじっと待っていました。

▶おじいさんをはずして、隣のおじいさんを中央にはる。

⑪

しばらくすると、なまあたたかい風が
フワ～ッと吹いてきて、
「とっつこうか～　ひっつこうか～」と、
あの恐ろしい声が聞こえてきました。
欲張りな隣のおじいさんは「しめた！」と思い、
「とっつくんなら、たくさんとっついておくれ！
ひっつくんなら、たくさんひっついておくれ！
山ほどとっついておくれ！
海ほどひっついておくれ！」
と、大きな声で言いました。

▶迫力のある大きな声でセリフを言いながら、両方の吹き出しをはる。

⑫

すると、天の声が
ぴたりとやんで、
なにかがふってきました。
ふってきたのは……
ヘビやコウモリ、それに
おばけたちでした！

▶両方の吹き出しをはずし、ヘビ、コウモリ、おばけなどをはる。

ふったかと思うと
「ペタ！　ペタ！」と、とっつき、
「ピタ！　ピタ！」と、ひっつきました。
「ややっ、なんだ、なんだ!?」
驚いた隣のおじいさん。
小判を待っていたのに、
ふってきたのは大嫌いな
ヘビやコウモリ、おばけたち。

⑬

▶隣のおじいさんを裏返して泣き顔にする。

▶ヘビ、コウモリ、おばけなどを隣のおじいさんにつけ、隣のおじいさんの両手を上げる。

「助けてー！」
隣のおじいさんは、
泣きながら家に帰って
来ました。
やっぱり怠け者だったり、
欲張りだったりすると、
よいことはありませんね。
おしまい。

⑭

ポイント

●ブラックライトシアターの準備

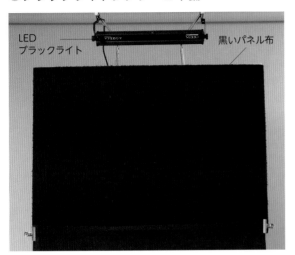

パネルシアター用の LED ブラックライトを設置する。

絵人形は、蛍光色のポスターカラーで塗ると、ブラックライトに反応し、光って見えます。

演者は、黒っぽい服を着用します。(白い服だとブラックライトに反応し、光ってしまいます)

●小判のつけ方

小判をつけるときの「ピタ！ ペタ！」は明るく、ヘビやコウモリなどをつけるときは恐ろしい雰囲気で演じます。

●手を動かす

驚いたり、泣いたりするときは、手の角度をかえて表現しましょう。

●表情をかえる

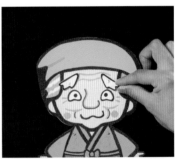

手の動き同様に、眉毛を動かして表情をかえます。

0歳から　➡型紙 P.97

なりきりあそび

動物や生き物などの顔や体の一部を見せ、鳴き声や体の動きで、子どもたちがなんの動物かをあてます。
持ち手を指先で「クルリ」と反転させるところがペープサートの持ち味です。

使う絵人形

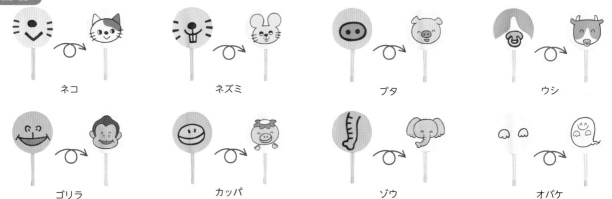

ネコ　　　　　ネズミ　　　　　ブタ　　　　　ウシ

ゴリラ　　　　　カッパ　　　　　ゾウ　　　　　オバケ

①

これから楽しい
鳴きまねをしますよ。
みんな、それを聞いて、
なんの動物さんか
あててくださいね。

②

あれあれ？
なにか出てきましたよ。
ニャン　ニャンニャン
ニャン　ニャンニャン
さて、わたしはだれでしょう？

▶ネコの絵人形の鼻と
口の面を表にし、鼻
のあたりにあてる。

③

ニャン　ニャンニャン
ニャン　ニャンニャン

▶子どもたちの反応を受け
たあと、反転させてネコ
の顔の面を見せる。

はい、そうです！
ネコさんでした。
次はだれかな？

④

チュウ　チュウチュウ
チュウ　チュウチュウ
さあ、わたしは
だれでしょう？

▶ネズミの絵人形の鼻と口
の面を表にし、鼻のあた
りにあてる。

⑤

チュウ　チュウチュウ
チュウ　チュウチュウ

▶子どもたちの反応を受けたあと、反
転させてネズミの顔の面を見せる。

正解！
ネズミさんでした。
さあ、次は？

⑥

ブーブーブー　ブーブーブー
わたしはだれでしょう？

▶ブタの絵人形の鼻の面
を表にし、鼻のあたり
にあてる。

⑦

ブーブーブー
ブーブーブー

▶子どもたちの反応を受けたあと、反
転させてブタの顔の面を見せる。

その通り！
ブタさんでした。
次はだれかな？

⑧

モーモーモー　モーモーモー
わたしがだれかわかるかな？

▶ウシの絵人形の鼻の
面を表にし、鼻のあ
たりにあてる。

⑨

モーモーモー
モーモーモー

▶子どもたちの反応を受けたあと、反
転させてウシの顔の面を見せる。

おおあたりー！
ウシさんでした。
次はだれだろう？

27

⑩

ウッホッホ　ウッホッホ
さあ、わたしはだれでしょう？

▶ゴリラの絵人形の鼻と
口の面を表にし、鼻の
あたりにあてる。

⑪

ウッホッホ　ウッホッホ　ゴリラさん
ウッホッホ　ウッホッホ　ゴリラさん

▶子どもたちの反応を受けたあと、反
転させてゴリラの顔の面を見せる。

大正解！
ゴリラさんでした。
次はわかるかな？

⑫

スイスイスイ　スイスイスイ
わたしはだれでしょう？

▶カッパの絵人形の鼻と口
の面を表にし、鼻のあた
りにあてる。

⑬

スイスイスイ　スイスイスイ
カッパさん
スイスイスイ　スイスイスイ
カッパさん

カッパさんでした。
次はだれかな？

▶子どもたちの反応を受けたあと、反
転させてカッパの顔の面を見せる。

⑭

パオパオパオ　パオパオパオ
さあ、わたしはだれでしょう？

▶ゾウの絵人形の鼻の面を表
にし、鼻のあたりにあてる。

⑮

パオパオパオ　パオパオパオ
ゾウさん
　パオパオパオ　パオパオパオ
ゾウさん

▶子どもたちの反応を受けたあと、反
転させてゾウの顔の面を見せる。

ピンポーン！
ゾウさんでした。
さあ、次はだれかなー？

⑯

フワッ　フワッフワッ〜
フワッ　フワッフワッ〜
さあ、わたしはだれ
でしょう〜？

▶オバケの絵人形の手の
　面を表にし、胸の前に
　出し、手をゆらす。

⑰

フワッ　フワッフワッ〜
フワッ　フワッフワッ〜

▶子どもたちの反応を受け
　たあと、反転させてオバ
　ケの姿を見せる。

おおあたりー！
オバケさんでした。
かわいい
オバケさんですね！

⑱

いろいろな動物さんが出てきました。
みんなはどの動物になりたいかな？
みんなもやってみましょう。

ポイント
- 「わたしはだれでしょう」のあとに、子どもたちの反応を確認し、会話のやりとりを楽しみながら裏返しましょう。
- 少しオーバーな動作で表現を。答えが出たら「みなさんも一緒に」と言って子どもと一緒に行うと、より楽しめます。

しあわせならてをたたこう

みんなが知っている定番の歌です。ペープサートを見せながら歌い、
さまざまな動作をまねして遊びましょう。ペープサートが傾かないよう気をつけて。

使う絵人形

てをたたこう

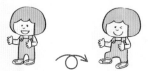
あしならそう

かたたたこう

①

▶ペープサートを後
ろに隠しておく。

さあ、なにが
出てくるかな？
これからみんなの
大好きな歌、
『しあわせならてをたたこう』
を歌いますよ。

②

1番
♪しあわせなら
てをたたこう

▶手を開いた面を
表にして見せる。

③
\ パン /

\ パン /

パチパチパチ…

▶「パン　パン」に合わせて、
ペープサートを裏返し、再
び返す。歌に合わせて、②
・③の動きを繰り返す。

※最後の「♪しあわせならたいどで
しめそうよ　ほら　みんなでてをた
たこう　パン　パン」のところで、
くるくると早く動かして「パチパチ
パチパチ……」とアレンジした動き
をしても楽しめます。

④

2番
♪しあわせなら
　あしならそう

▶足を地面につけている
　面を表にして見せる。

⑤

\ドン/　　　\ドン/

▶「ドン　ドン」に合わ
　せて、ペープサートを
　裏返し、再び返す。歌
　に合わせて、④・⑤の
　動きを繰り返す。

⑥

3番
♪しあわせなら
　かたたたこう

▶腕を曲げている面を
　表にして見せる。

⑦

\トン/　　　\トン/

▶「トン　トン」に合わ
　せて横を向き、肩を
　たたくしぐさをする。
　ペープサートを裏返
　し、再び返す。歌に合
　わせて⑥・⑦の動きを
　繰り返す。

⑧

みんなもまねを
して、一緒に
遊んでみようね！

♪ しあわせならてをたたこう

作詞 / 木村利人　作曲 / アメリカ民謡

1. し　あ　わ　せ　な　ら　て　を　た　た　こう（拍手）し　あ　わ　せ　な　ら　て　を　た　た　こう（拍手）
2. し　あ　わ　せ　な　ら　あ　し　な　ら　そう（足ぶみ）し　あ　わ　せ　な　ら　あ　し　な　ら　そう（足ぶみ）し　あ
3. し　あ　わ　せ　な　ら　か　た　た　た　こう（肩たたき）し　あ　わ　せ　な　ら　か　た　た　た　こう（肩たたき）

わ　せ　な　ら　た　い　ど　で　し　め　そ　う　よ　ほ　ら　み　ん　な　で
　　　　　　て　を　た　た　こう　（拍手）
　　　　　　あ　し　な　ら　そう　（足ぶみ）
　　　　　　か　た　た　た　こう　（肩たたき）

3 歳から　➡型紙 **P.102**

小さな作法

道灌山学園創設者の髙橋系吾先生の残された「ことば」である『小さな作法（幼児から大人まで）』を、ペープサート作品にしました。日常の作法の基本を、子どもたちと一緒に楽しみながら学びましょう。

使う絵人形

1「お話をきくときは」「相手の目を見てしっかり聞きます」

2「返事・あいさつは」「大きな声ではっきり言います」

3「お世話になったときは」「ありがとうございました」

4「姿勢は」「胸をはり背筋をのばします」

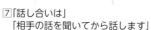

5「歩くときは」「胸をはりさっさと歩きます」

6「家へあがるときは」「はきものをそろえます」

7「話し合いは」「相手の話を聞いてから話します」

8「食事のときは」「口のなかの食べ物がなくなってから話します」

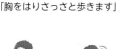

9「おじぎは」「ていねいに行います」

10「おやつは」「食事前には食べません」

11「ことばは」「悪いことばは使いません」

① 今日は、みんなで「小さな作法」のペープサートを見ていこうね。わかることばがあったら一緒に言ってね。

② お話を聞くときは　　相手の目を見てしっかり聞きます。

▶1「お話をきくときは」のペープサートを見せる。

▶1のペープサートを裏返す。

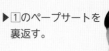

③ 返事・あいさつは

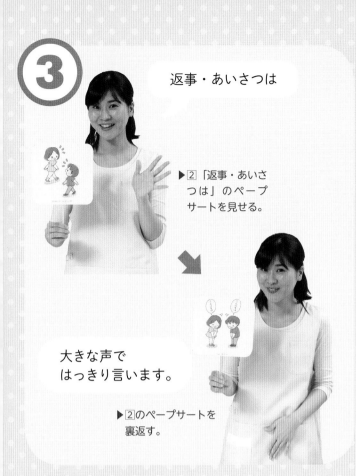

▶② 「返事・あいさつは」のペープサートを見せる。

大きな声ではっきり言います。

▶②のペープサートを裏返す。

④ お世話になったときは

▶③ 「お世話になったときは」のペープサートを見せる。

ありがとうございました。

▶③のペープサートを裏返す。

⑤ 姿勢は

▶④ 「姿勢は」のペープサートを見せる。

胸をはり背筋をのばします。

▶④のペープサートを裏返す。

⑥ 歩くときは

▶⑤ 「歩くときは」のペープサートを見せる。

胸をはりさっさと歩きます。

▶⑤のペープサートを裏返す。

⑦ 家へあがるときは

▶ ⑥「家へあがるときは」のペープサートを見せる。

はきものを
そろえます。

▶ ⑥のペープサートを裏返す。

⑧ 話し合いは

▶ ⑦「話し合いは」のペープサートを見せる。

相手の話を聞いてから話します。

▶ ⑦のペープサートを裏返す。

⑨ 食事のときは

▶ ⑧「食事ときは」のペープサートを見せる。

口のなかの食べ物がなくなってから話します。

▶ ⑧のペープサートを裏返す。

⑩ おじぎは

▶ ⑨「おじぎは」のペープサートを見せる。

ていねいに
行います。

▶ ⑨のペープサートを裏返す。

⑪

おやつは

▶⑩「おやつは」の
ペープサートを見
せる。

食事前には
食べません。

▶⑩のペープサートを
裏返す。

⑫

ことばは

▶⑪「ことばは」の
ペープサートを見
せる。

悪いことばは
使いません。

▶⑪のペープサートを
裏返す。

⑬

たくさんあったね。
みんなはいくつ
できるかな？

▶ペープサートをすべ
て持って、子どもた
ちに話をする。

ポイント

● 持ち手（割りばし）に親指と、人
さし指、中指、薬指（2〜3本）
を添えて垂直に持ち、手首を曲
げずに指でくるっとまわすのが
コツです。

● ペープサートは、顔を隠さず胸
から肩くらいの位置に持ち、表
情をかえたり、手に動きをつけ
たりして演じましょう。

0歳から　➡作り方 P.113　➡型紙 P.114

あひるはグワグワ

巻き込みを開いていくと、次々に動物が登場します。ただの歌遊びではなく、動作をつけながら歌詞に合わせて絵を見せていく、おもしろい作品です。何度も繰り返し遊びましょう。

使う絵人形

開いたところ　　　　たたんだ
　　　　　　　　　　ところ

①
さあ、なにか楽しそうな
ものがありますね。
みんなから見える動物さんは
なんですか？
そうです。あひるさんです。
こんな楽しい歌がありますよ！

▶あひるの面を表に
　して、見せる。

②
♪あひるはグワグワ
　あひるはグワグワ

▶体を左右にゆらしながら、
　歌いはじめる。

③
♪やぎ　メエメエ
　やぎ　メエメエ

▶巻き込みをひとつ開いて、
　やぎを出す。

④
♪ぶたくん　ブーブー
　ぶたくん　ブーブー

▶さらに巻き込みをひとつ
　開いてぶたを出す。

⑤
♪うし　モウモウ
　うし　モウモウ

▶最後の巻き込みを
　開いてうしを出す。

⑥
おもしろいね！
みんなで歌ってみようか？
さあ、準備ができましたよ。
一緒に歌いましょう！

▶裏面が見えな
　いように、た
　たみ直す。

※歌う速度をかえ、繰り返し楽しむ。

⑦
（何度か繰り返して）
♪うし　モウモウ
　うし　モウモウ

▶何度か繰り返し歌い「うし
　モウモウ」までできたら、手
　を持ちかえ、写真のように
　紙を裏返す。

⑧
も〜、うしまい！
楽しかったね！

キャッチ！

アレンジ　あひるはグワグワの手遊び

♪あひるはグワグワ
　あひるはグワグワ

両手であひるの口を作り、口の近く
において、閉じたり開けたりする。

♪やぎ　メエメエ
　やぎ　メエメエ

両手を軽く曲げて頭にの
せ、やぎの耳を作る。

♪ぶたくん　ブーブー
　ぶたくん　ブーブー

両手の人さし指で交互に鼻
を差す。

♪うし　モウモウ
　うし　モウモウ

両手の人さし指を頭にのせ、
うしのつのを作る。

ポイント

●子どもも演じることができま
す。1人がペープサートを持っ
て歌い、保育者はほかの子ども
たちと一緒に手遊びをしてもよ
いでしょう。

♪ あひるはグワグワ

作詞／志摩桂　作曲／フランス民謡

チューリップ

みんなが知っているおなじみの曲です。チューリップの咲く春はもちろん、一年中楽しむことができます。折り方も簡単です。基本は赤、白、黄色ですが、いろいろな色の折り紙で作ってもいいでしょう。

使うもの

チューリップ　　　赤　　　白　　　黄色

ペープサート舞台

---

1 今日は、みんなできれいなお花を咲かそうね。

▶ペープサート舞台を用意しておき、チューリップは舞台の手前に隠しておく。

2 ♪さいた　さいた　チューリップの　はなが

▶手で花の形を作り、体を左右にゆらしながら歌いはじめる。

3 ♪ならんだ　ならんだ

▶人さし指で前方をさす。

4

♪あか

▶赤のチューリップを出して、ペープサート舞台に刺す。

5

♪しろ

▶白のチューリップを出して、舞台に刺す。

6

♪きいろ

▶黄色のチューリップを出して、舞台に刺す。

⑦

♪どのはなみても
きれいだな

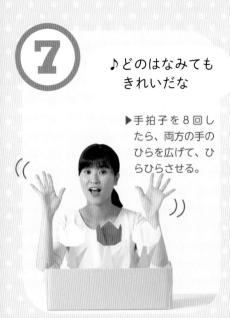

▶手拍子を8回したら、両方の手のひらを広げて、ひらひらさせる。

ポイント

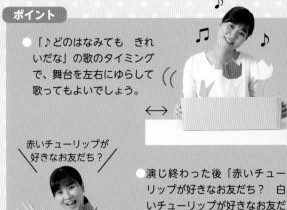

● 「♪どのはなみても きれいだな」の歌のタイミングで、舞台を左右にゆらして歌ってもよいでしょう。

赤いチューリップが好きなお友だち？

● 演じ終わった後「赤いチューリップが好きなお友だち？ 白いチューリップが好きなお友だち？ 黄色いチューリップが好きなお友だち？」と子どもに聞いて、やりとりを行っても楽しいでしょう。

● チューリップにペンで顔を描いても、かわいいでしょう。

● 折り紙ペープサートを演じた後、壁面飾りとして、チューリップを部屋に飾っても楽しむことができます。

折り方

はな

① 半分に折って、折り目をつけて戻す

② 半分に折る

③  点線で折る

④ 点線で後ろに折る

⑤ はなのできあがり

ポイント

はっぱ

① 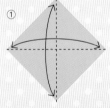 縦、横、半分に折って、折り目をつけて戻す

② 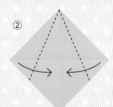 真ん中にむけて、点線で折る

③ 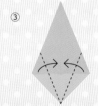 真ん中にむけて、点線で折る

④  点線で折る

⑤  後ろに半分に折る

⑥  開いて下につぶす

⑦ はっぱのできあがり

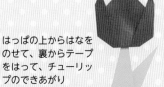 はっぱの上からはなをのせて、裏からテープをはって、チューリップのできあがり

折り方アイデア：新宮文明

♪チューリップ

作詞／近藤宮子　作曲／井上武士

さいた　さいた　チューリップの　はなが　ならんだ　ならんだ

あかしろきいろ　どのはなみても　きれいだな

節分

カラフルでいろいろな表情のオニが登場する、節分の時期にぴったりの作品です。
オリジナルの顔を描いて自由に演じて楽しんでください。

使うもの

にこにこ
オニ

やさしい
オニ

おこりんぼ
オニ

こまった
オニ

なきむし
オニ

ペープサート舞台

豆
（紙をちぎって
丸めたもの）

オニ

①

明日は2月3日です。
なんの日か知っていますか？
そう、「節分」です。
みんなは、豆まきをしたことは
あるかな？　今日はみんなで
豆まきの練習をしましょうね。

▶ペープサート舞台の内
側に、オニと豆を用意
しておく。

②

おや、だれかがやって来ましたよ。
にこにこオニさんたちですね。

▶にこにこオニとやさ
しいオニを出す。

③

▶にこにこオニとやさしいオ
ニを、ペープサート舞台に
刺し、おこりんぼオニとこ
まったオニを出す。

今度はおこりんぼオニさんたちが
やって来ましたよ。

あれー？
えんえん泣いている声が
聞こえてきたよ。
あ、なきむしオニさんだ。

▶おこりんぼオニとこまったオ
ニを、ペープサート舞台に刺
し、なきむしオニを出す。

いろいろなオニさんが
出てきたね。
それではみんなで
『豆まき』の歌を
歌いましょう。

▶なきむしオニをペープ
サート舞台に刺す。

♪おにはそと　ふくはうち
　ぱらっ　ぱらっ　ぱらっ　ぱらっ
　まめのおと
　おには　こっそり　にげていく

♪おにはそと　ふくはうち
　ぱらっ　ぱらっ　ぱらっ　ぱらっ
　まめのおと
　はやく　おはいり　ふくのかみ

▶豆をまきながら、『豆まき』の歌を歌う。

41

⑦

オニはーそと、福はーうち。
悪いオニさんはそと、
いいオニさんがいたら
うちにいてもいいかもね。

⑧ オニ「逃げろ、逃げろ、逃げろー」

▶オニをペープサート
舞台からとり、逃げ
ていく動きをする。

⑨

オニさんみーんな
逃げていったね！
みんなも豆まきの
練習をして、
悪いオニを
追い出していこうね。

ポイント

● 演じやすく、また子どもたちからも見やすいように、いすに座って演じるとよいでしょう。

● それぞれのオニの表情をまねて、オニを登場させましょう。

● 折り紙ペープサートを演じた後、ペープサート舞台に差したまま、棚に飾ったり、壁面飾りにしたりしても楽しむことができます。

● 「みんなも豆まきの練習をしようね」と言い、子どもと一緒に豆（紙をちぎって丸めたもの）をまいて遊びにつなげてもよいでしょう。

🎵 **豆まき**

作詞・作曲／日本教育音楽協会

1.2. おにはそと　ふくはうち　ぱらっ　ぱらっ　ぱらっ　ぱらっ

まめのおと　{ おには　こっ　そり　にげて　いく / はやく　おは　いり　ふくのかみ }

折り方

あたま

① 半分に折って、折り目をつけて戻す

② 半分に折る

③ 点線で折る

④ 点線で折る

⑤ 裏返す

⑥ あたまのできあがり

からだ 縦、横、半分に折って、折り目をつけてから折りはじめる

① 真ん中にむけて、点線で折る

② 真ん中にむけて、後ろに折る

③ 真ん中にむけて、点線で折る

④ 裏返す

⑤ ▷から袋を開いてつぶす

ポイント

⑥ からだのできあがり

あし からだの④まで折ったところからはじめる

① ▷から袋を開いてつぶす

② 大きく開く

③ 折り目をつかってたたむ

ポイント

④ 点線を折る

⑤ あしのできあがり

からだの上に、あたまとあしをのせて、裏からテープをはって、オニのできあがり

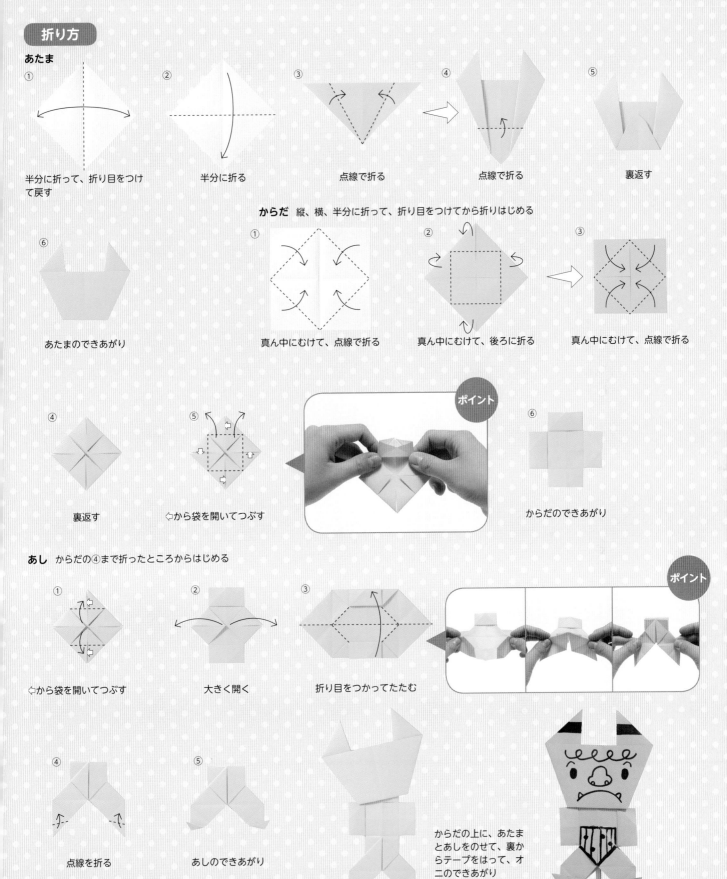

折り方・組み合わせアイデア：阿部恵

ティラノサウルスのトントン相撲

最初に保育者が遊んでみせ、保育者と子ども、子ども同士で遊びます。色とりどり、様々な表情の
恐竜を作って楽しみましょう。小さな折り紙で赤ちゃん恐竜を作ってもよいでしょう。

今日は、みんなで折った
ティラノサウルスで、
トントン相撲をします。
最初はちなつ先生と
ゆい先生がやってみるから、
見ていてね。

▶土俵とティラノサウルスを準備しておく。

使うもの

ティラノサウルス

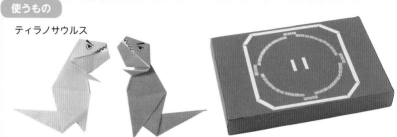

土俵（箱に画用紙とマスキ
ングテープを貼ったもの）

①　東〜、ちなつサウルス〜。

②　西〜、ゆいサウルス〜。

③　はっけよーい、
　　のこった、のこった。

▶土俵をトントンとたたく。

④　ちなつサウルスが倒れました。

ゆいサウルスの勝ちです。ヤッター！
じゃあ、今度はみんなが
トントン相撲で遊んでみようね。

- 折り紙のティラノサウルスは、置いたときにきちんと立つものを使用しましょう。
- 両手を軽く曲げて、小刻みに軽くたたくようにすると、ティラノサウルスがよく動いて楽しめます。

アレンジ

「フーフー相撲」
口で息を吹きかけて、相手のティラノサウルスを倒す「フーフー相撲」も楽しめます。

折り方　縦、横、半分に折って、折り目をつけてからはじめる

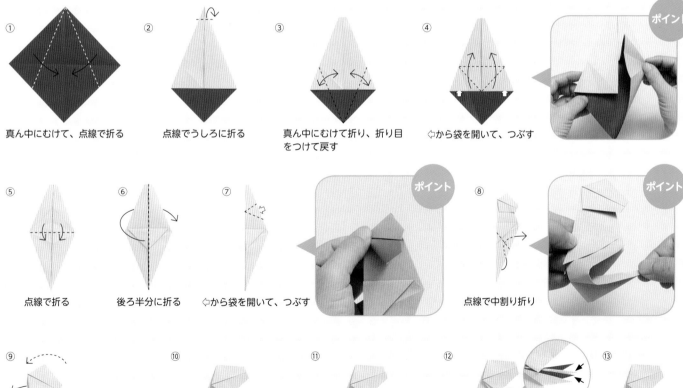

① 真ん中にむけて、点線で折る

② 点線でうしろに折る

③ 真ん中にむけて折り、折り目をつけて戻す

④ ⇦から袋を開いて、つぶす

⑤ 点線で折る

⑥ 後ろ半分に折る

⑦ ⇦から袋を開いて、つぶす

⑧ 点線で中割り折り

⑨ 点線で折って、むきをかえる

⑩ 折ったところ

⑪ 赤い線をはさみで切って、点線で折る

⑫ 真ん中の2つをはさみで切る

⑬ 顔を自由に描いて、できあがり

0歳から　→作り方 P.113　→型紙 P.115

このくだものなーに

子どもたちが大好きなくだものを、いつもとちがう目線で見てみましょう。
皮や実だけでなく、タネやヘタ、ツルなど、くだもののいろいろな部分に興味がもてる作品です。

使うもの　紙皿シアター

バナナ

リンゴ

ミカン

ブドウ

ナシ

カキ

サクランボ

イチゴ

スイカ

メロン

①

さあ、これからクイズをはじめますよ。
あるくだものの皮を見せますから、
なんのくだものかあててくださいね。

くる、くる、くるくるー。
なにか出てきたね。

はい、そうです。
バナナでした。

一番目は、これ！
これはなにかな？

▶絵皿を最後までま
わして、バナナの
実を見せる。

▶各くだものの絵
皿を皮を上に、
実を下にして重
ねておく。

バナナの皮を見せる。

子どもたちの反応を見な
がら、少しずつ下の絵皿
をまわしていく。

②

さあ、次はなにかな？
赤くて長い皮だね。

▶リンゴの皮を見せる。

くる、くる、くるくるー。
なにか見えてきたよ。
棒みたいなものはヘタかな？

はい、リンゴでした。

▶絵皿を最後までま
わして、リンゴの
実を見せる。

子どもたちの反応を見ながら、少しずつ下の絵皿を
まわしていく。

3

あれ？　今度はお花みたいだね。
皮にブツブツもあるね。

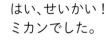
はい、せいかい！
ミカンでした。

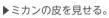
▶ミカンの皮を見せる。

くる、くる、くるくるー。
丸い形が出てきましたよ。

子どもたちの反応を見ながら、少しずつ下の絵皿を
まわしていく。

▶絵皿を最後までま
わして、ミカンの
実を見せる。

4

たくさんの皮があります。
色はむらさきだよ。

わあ、おいしそう！
ブドウでした。

▶ブドウの皮を
見せる。

くる、くる、くるくるー。
みんな大好きなくだものだよ。

子どもたちの反応を見ながら、少しずつ下の絵皿を
まわしていく。

▶絵皿を最後までま
わして、ブドウの
実を見せる。

5

次は、リンゴの皮に似ているけど、
色が違うね。ヘビみたい？

あまーい、ナシでした！

▶絵皿を最後までま
わして、ナシの実
を見せる。

▶ナシの皮を見せる。

くる、くる、くるくるー。
なんだろうね。

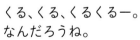

子どもたちの反応を見ながら、少しずつ下の絵皿を
まわしていく。

⑥

きれいなオレンジ色の皮だね。
これはヘタかな。タネもあるよ。

▶カキの皮やタネ
を見せる。

くる、くる、くるくるー。
秋になるとたくさん
木になるくだものです。

ヘタ、皮、タネを指さし、子どもたちの反応を見な
がら、少しずつ下の絵皿をまわしていく。

大きなカキでした。

▶絵皿を最後まで
まわして、カキ
の実を見せる。

⑦

今度はなにかな？
タネがふたつあります。

▶サクランボのヘタと
タネを見せる。

くる、くる、くるくるー。
赤いものが見えてきたね。
かわいい
サクランボでした。

タネを指さす。子どもたちの反応を見ながら、少し
ずつ下の絵皿をまわしていく。

▶絵皿を最後までまわして、
サクランボの実を見せる。

⑧

あれ、これはなにかな？
緑色のヘタだけだね。

▶イチゴのヘタを
見せる。

くる、くる、くるくるー。
赤くて、粒々があるよ。

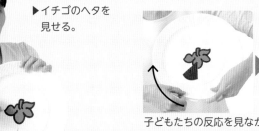

子どもたちの反応を見ながら、少しずつ下の絵皿を
まわしていく。

まっかなイチゴでした。
みんな大好きだね！

▶絵皿を最後までま
わして、イチゴの
実を見せる。

⑨

しましま模様の皮が出てきましたね。
タネもあるね。

▶スイカの皮とタ
ネを見せる。

くる、くる、くるくるー。
なにかな、なにかな？

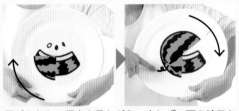

子どもたちの反応を見ながら、少しずつ下の絵皿を
まわしていく。

わあ、大きい！
スイカでした！

▶絵皿を最後までま
わして、スイカの
実を見せる。

⑩

はっぱみたいだね！
これはなんだろう？

▶メロンの皮を
見せる。

くる、くる、くるくるー。
あみ目がいっぱい出てきましたよ。

子どもたちの反応を見ながら、少しずつ下の絵皿を
まわしていく。

メロンでした！
これはマスクメロンだね。

▶絵皿を最後までま
わして、メロンの
実を見せる。

⑪

たくさん、おいしそうな
くだものが出てきましたね。
みんなはなにが一番好きかな？
皮やタネを観察して
みるのも楽しいですね！

▶両手で絵皿を数枚
持って見せる。

ポイント

○紙皿のセットの仕方と動かし方

切り込みを入れた絵皿
を2枚用意する。

2枚の絵皿を重ね、下の
絵皿を、上の絵皿の切り
込みにはさむ。

下の絵皿をゆっくりまわ
していく。（上の絵皿は、
手で固定しておく）

下にセットしておいた
絵皿が前に出る。

スイカだ！

1 歳から　➡作り方 **P.113**　➡型紙 **P.120**

このやさいなーに

くだものよりもなじみの薄いやさいの皮。やさいに対する興味や関心を引き出すきっかけにもなる作品です。
子どもたちのつぶやきを大切にして、やりとりを行い、演じてください。

使うもの

紙皿シアター

サツマイモ

ジャガイモ

カボチャ

タマネギ

ソラマメ

タケノコ

レンコン

トウモロコシ

①

さあ、今日は
あるやさいの皮が出てきます。
なんのやさいか、
よく見てあててくださいね。

▶各やさいの絵皿を、皮を上に
して、やさい本体を下にして、
重ねておく。

②

最初はこれ！
これはなにかな？

▶サツマイモの
皮を見せる。

くる、くる、くるくるー。
なにか出てきたね。

子どもたちの反応を見ながら、少しずつ下の絵皿を
まわしていく。

みんなで、この前
ほりに行ったね。
はい、そうです。
サツマイモでした。

▶絵皿を最後までま
わして、サツマイ
モを見せる。

③

次はこれ。なんの皮かな？
くる、くる、くるくるー。

▶ジャガイモの
皮を見せる。

見えてきたね。
カレーによく入っている
やさいだよ。

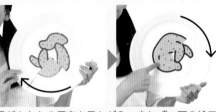

子どもたちの反応を見ながら、少しずつ下の絵皿を
まわしていく。

そうです。
ジャガイモでした。

▶絵皿を最後までま
わして、ジャガイ
モを見せる。

④

次はこれ。タネもあるよ。
皮の色は緑色だね。

▶カボチャの皮を見せる。

くる、くる、くるくるー。
なにか見えてきたね。

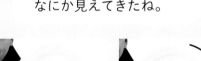

子どもたちの反応を見ながら、少しずつ下の絵皿を
まわしていく。

そうです。
せいかいはカボチャでした。
わー大きい！

▶絵皿を最後まで
まわして、カボ
チャを見せる。

⑤

次は、たくさんの
皮があるね。なにかな？

▶タマネギの皮を
見せる。

くる、くる、くるくるー。
とんがり頭が見えてきたね。

子どもたちの反応を見ながら、少しずつ下の絵皿を
まわしていく。

そうだね。
タマネギでした。

▶絵皿を最後までまわし
て、タマネギを見せる。

⑥

次はこんな形だよ。
なんだろう？

▶ソラマメの皮
を見せる。

くる、くる、くるくるー。
緑色が見えてきたね。

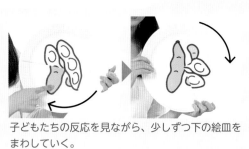

子どもたちの反応を見ながら、少しずつ下の絵皿を
まわしていく。

まめもあるね。

▶絵皿を最後までま
わして、ソラマメ
を見せる。

はい、これはソラマメ
というやさいです。

⑦

さあ、次は
三角の形をした皮だね。
なにかな？

▶タケノコの皮を
見せる。

くる、くる、くるくるー。
春に土のなかから
にょきにょき出てくるよ。あっ、
とんがっているものが出てきたね。

子どもたちの反応を見ながら、少しずつ下の絵皿を
まわしていく。

そうです！
タケノコでした。

▶絵皿を最後まで
まわして、タケ
ノコを見せる。

⑧

これは難しいよ。
なんの皮だと思う？

▶レンコンの皮
を見せる。

くる、くる、くるくるー。
穴があいているね。

▶子どもたちの反応を見
ながら、少しずつ下の絵
皿をまわしていく。

おおあたり！
穴のあいた、
レンコンさんでした。

▶絵皿を最後まで
まわして、レン
コンを見せる。

⑨

これは緑色の皮のほかに、
なにかあるね。

▶トウモロコシの皮を見
　せ、ひげを指さす。

くる、くる、くるくるー。
粒々があるよ。

▶子どもたちの反応を見
　ながら、少しずつ下の
　絵皿をまわしていく。

⑩

もうわかったね。
みんなの大好きな
トウモロコシでした！

▶絵皿を最後までまわして、
　トウモロコシを見せる。

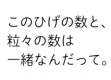

このひげの数と、
粒々の数は
一緒なんだって。

⑪

たくさんのやさいが出てきたね。
おもしろい皮もたくさんあったね。
みんなもお店や畑で見たことのない
やさいの皮を見つけたら、教えてね！

▶両手で絵皿を
　持って見せる。

ポイント

● 紙皿のセットの仕方と動かし方は、p.49の「このくだもの
　なーに」のポイントを参照ください。
● 難しいやさいからはじめると、途中で子どもが飽きてしまう
　ことがあります。身近にある、わかりやすいやさいからはじ
　めると、最後まで楽しく遊べます。
● どんな料理に使われているか、いつの季節に収穫できるかな
　ど、わかりやすいヒントを出すとよいでしょう。
●「穴があいている」「とがっている」などのやさいの特徴を、
　手の表現もまじえて演じるとよいでしょう。
● 演じた後、本物のやさいを見せてもいいでしょう。

53

おたんじょうびだーれ？

お誕生日の定番アイテムとして毎月使えます。子どもの似顔絵や、その子の好きなものを描くと喜びも倍増！
乳児のクラスでは、小さなサイズのスケッチブックを使ってもいいでしょう。

①

スケッチブックシアターの
はじまり、はじまりー。

▶スケッチブックを
出して見せる。

使うもの

スケッチブックシアター

②

今日は○月のお誕生会です。
おいしそうなケーキが
出てきましたね。
でもだれのお誕生日なのかな？
プレゼントを見て、お誕生日の
お友だちをあててくださいね。

▶ケーキのページを見せる。

③

にんじんのプレゼントが
出てきましたよ。

♪おたんじょうび　おめでとう
　おいわいに　あげましょう
　ほらほら　おいしい　にんじんです
　でも　いったい　あなたは　だーれ

▶めくってにんじんを出
し、『おたんじょうび
だーれ』の歌を歌う。

④
このおいしそうなにんじん、
だれにあげるのかな？

あれあれー。
だれかが見えて
きましたね。

▶片方めくる。

⑤
そうです！
お耳の長い
うさぎさんでした。
うさぎさんは
にんじんをもらって
大喜びです。

▶もう片方もめくっ
て、うさぎを出す。

⑥
さあ、次は
チーズのプレゼントです。
このおいしそうなチーズ、
だれにあげるのかな？

▶めくってチーズを出
し、『おたんじょうび
だーれ』の歌を歌う。

♪おたんじょうび　おめでとう
　おいわいに　あげましょう
　ほらほら　おいしい　チーズです
　でも　いったい　あなたは　だーれ

⑦
あれあれ、
丸い耳が
見えてきましたよ。

▶片方めくる。

⑧
もう片方もめくってみますよ。
そうですね。
ねずみさんでした。
チーズ大好きーと言って
喜んでいます。

▶もう片方もめくっ
て、ねずみを出す。

⑨

今度は
笹の葉のプレゼントです。
このプレゼントを
喜ぶのはだれかな？

♪おたんじょうび　おめでとう
　おいわいに　あげましょう
　ほらほら　おいしい　ささのはです
　でも　いったい　あなたは　だーれ

▶めくって笹の葉を出し、
『おたんじょうびだーれ』
の歌を歌う。

⑩

白と黒のもようが
見えてきましたよ。

▶片方めくる。

もうわかった？
じゃあね、もう片方も
めくってみますよ。

そう、パンダさんでした。
一緒にお祝いして
あげようね。パンダさん、
お誕生日おめでとう！

▶もう片方もめくって
パンダを出す。

⑪

さあ、次はかわいいカードの
プレゼントです。

♪おたんじょうび　おめでとう
　おいわいに　あげましょう
　ほらほら　かわいいカードです
　でも　いったい　あなたは　だーれ

▶めくってカード
を出す。

⑫

だれかな？

▶片方めくる。

女の子の
お友だちでした。
かわいい
カードを持って、
にっこりだね。

⑬

▶もう片方もめ
くって女の子
を出す。

今度も
すてきなカードだね。
だれのプレゼントかな？

▶めくってカードを出す。

♪おたんじょうび　おめでとう
　おいわいに　あげましょう
　ほらほら　すてきなカードです
　でも　いったい　あなたは　だーれ

だれかな？

▶片方めくる。

男の子の
お友だちでした。
すてきな
カードを持って、
うれしそうだね。

▶もう片方もめくって
　男の子を出す。

それでは、ここにいる
今月お誕生日のお友だちにも、
カードのプレゼントがあるので、
お名前を呼ばれたら、前に出てきてね。
みんなで楽しくお祝いをしようね！

ポイント

● 演じ終わった後に、誕生月や誕生日の子どもを呼び、実際にカードをプレゼントすると盛り上がります。
● スケッチブックが厚いとめくりにくいので、余分な画用紙は切りとっておくとよいでしょう。

♪ おたんじょうびだーれ

作詞・作曲／阿部恵

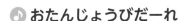

1.〜5.お　た　ん　じょ　う　び　お　め　で　と　う　　　お　い　わ　い　に　　　あ　げ　ま　しょ　う

ほ　ら　ほ　ら　お　い　し　い　に　ん　じ　ん　で　す
ほ　ら　ほ　ら　お　い　し　い　チ　ー　ズ　で　す
ほ　ら　ほ　ら　お　い　し　い　さ　さ　の　は　で　す
ほ　ら　ほ　ら　か　わ　い　い　カ　ー　ド　で　す
ほ　ら　ほ　ら　す　て　き　な　カ　ー　ド　で　す

で　も　いっ　た　い　あ　な　た　は　だ　　　れ

北風と太陽

どうやったら旅人のコートを脱がすことができるかという、よく知られているイソップ寓話です。
めくるごとに期待感がもてるスケッチブックシアターで、お話がより楽しめます。

使うもの

スケッチブックシアター

 ①表紙

 ①をめくった場面

 ②をめくった場面

 ③をめくった場面

 ④をめくった場面

 ⑤をめくった場面

 ⑥をめくった場面

 ⑦をめくった場面

 ⑧をめくった場面

 ⑨をめくった場面

 ⑩をめくった場面

 ⑪をめくった場面

 ⑫をめくった場面

 ⑬をめくった場面

①
今日はスケッチブックシアターで、
『北風と太陽』のお話をします。
はじまり、はじまり。
冬のある日、力自慢の北風がやってきて、
「太陽さん、どちらの力が強いか
私と力くらべをしましょう」と言いました。
太陽は「いいですよ。北風さん」と
こたえました。

▶スケッチブックを
両手で持ち、①表
紙を見せる。

②
しばらくすると、厚いコートを着て、
旅をしている旅人が通りかかりました。
北風は「太陽さん、あの旅人のコートを
早く脱がす競争をしよう。
あんなコート、すぐに吹きとばして
みせます」と言いました。

▶①をめくり、
セリフを言う。

③

北風は「ヒューヒューヒュー、ヒューヒューヒュー」と、
冷たい風を吹かせました。

▶ ②をめくり、セリフを言
う。ヒューヒューヒューの
とき、口に手をあて、風が
吹いているしぐさをする。

④

冷たい風が吹き、旅人は寒くなって、
コートのえりをしっかり押さえます。
そのため、コートは吹きとばされるどころか、
ヒューヒューヒューと風が吹くごとに、
旅人の手でしっかり押さえられました。

▶ ③をめくり、セリフを言う。
自分のえりもとを押さえ、
寒そうなしぐさをする。

⑤

それを見た北風は
「え〜い、もっとだ！
ヒューヒューヒュー、
ヒューヒューヒュー、
ヒューヒューヒュー」と
吹きましたが、コートを
脱がすことはできません。

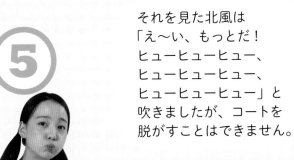

▶ ④をめくり、セリフを言う。「ヒュー
ヒューヒュー」のとき、⑤の下を持ちパ
タパタさせて風を送るしぐさをする。

⑥

北風はぐったりです。

▶ ⑤をめくり、セリフを言う。
ひたいの汗をぬぐったり、
「ふう」と息を吐いたりし
て、疲れたしぐさをする。

⑦

それを見ていた太陽が
「こんどはわたしの番ですね。
ポカポカポカ、ポカポカポカ」と、
やさしく照らしはじめました。

▶ ⑥をめくり、セリフを言う。

⑧

北風がとまり、
太陽の日があたってきたので、
旅人はコートのボタンを
はずしはじめました。

▶ ⑦をめくり、セリフを言う。

⑨

ポカポカ、ポカポカとあたる
太陽の日が気持ちよくなった
旅人は、とうとうコートを
脱いでしまいました。

▶ ⑧をめくり、セリフを言う。

⑩

「太陽さん、ありがとう！」
旅人はうれしそう。
太陽もにっこりです。

▶ 9 をめくり、セリフを言う。

⑪

というわけで、この北風と太陽の
勝負は太陽の勝ち。
北風は、力ずくで
コートを脱がそうとしても
だめなんだ、ということが
よくわかりました。

▶ 10 をめくり、セリ
フを言う。

⑫

北風と太陽のお話、
これで、
お　し　ま　い。

▶ 11 → 12 → 13 とめくり、
話を終える。

1 歳から　→作り方・型紙 **P.141**

はたらく車

シルエットクイズで楽しみながら、はたらく車のお仕事を知ることができます。
うちわを持って動きも表現できるので、乳児から楽しむことができる作品です。

使う絵人形

パトカー

救急車

消防車

ゴミ収集車

郵便車

ダンプカー

ショベルカー

①

今日はね、影のクイズ、
シルエットクイズをします。
まずはこれ！
ファンファン、ファンファンファンファン。
車の上にライトがついていて、
赤く光ります。この車、なにかわかりますか？

▶パトカーのシルエットを見せ、子どもたちの反応を見る。

②

はい、そうです。
パトカーでした！

▶うちわを裏返して、
パトカーを見せる。

③

次はなにかな？
ピーポーピーポー、ピーポーピーポー。
病気の人や、けがをした人を
病院に運んでくれますよ。

▶救急車のシルエットを見せ、
　子どもたちの反応を見る。

④

そうです！
救急車でした！

▶うちわを裏返して、
　救急車を見せる。

⑤

次はこれ！

ここに、はしごがついていますね。
ウーウーカンカンカン、
ウーウーカンカンカンって鳴りながら、
火事の起きたところに行ってお水をかけたり、
はしごに登って高いところにいる人を助けたりします。

▶消防車のシルエットを見せ、
　子どもたちの反応を見る。

⑥

消防車でした！
みんな、よく
わかったね！

▶うちわを裏返して、
　消防車を見せる。

⑦

あれ？　今度はなにもヒントがないのかな？
あっ、ちょっと見て、おしりのところ。
なにかついているね。大きなふたみたい。
あくのかなー？
朝によく見かける車だね。

▶ごみ収集車の
シルエットを見せ、
子どもたちの反応を見る。

⑧

そう、
ごみ収集車だね。
後ろが開いて、
ごみを集めることが
できますね。

▶うちわを裏返して、
ごみ収集車を見せる。

⑨

次はこれ！
ヒントは、赤い車で、
お手紙や荷物を運びます。

▶郵便車のシルエットを
見せ、子どもたちの
反応を見る。

⑩

これは、郵便車です。
このマークが目印だよ。
お散歩の途中で
見たことがあったね。

▶うちわを裏返して、
郵便車を見せる。

11

次はなんの車かな？
ヒントは、
とっても力持ち！

▶ダンプカーの
シルエットを見せ、
子どもたちの反応を
見る。

12

こたえはダンプカーでした！
重い荷物も楽に運ぶことができます。

▶うちわを裏返して、
ダンプカーを見せる。

13

最後はこれ！
この形がヒントだよ。
見たことありますか？

▶ショベルカーの
シルエットを見せ、
子どもたちの反応を見る。

14

正解はショベルカー。
土をほったり、
運んだりできますね。

▶うちわを裏返して、
ショベルカーを見
せる。

15

こんなにたくさん、
はたらく車があるね。
みんな、
いくつわかったかな？
今度、お散歩で
見つけようね。

▶すべてのうちわを持ち、
表側を見せる。

ポイント

●演じやすいように、うちわは持ち手が平たいものを使用しましょう。

●うちわとしてそのまま使うことができます。壁に飾ってもよいでしょう。

♪ うちわシアター

 0 歳から　➡型紙 P.148

ね！ね！ じょうず

大きくて見やすく、わかりやすい絵が子どもたちに喜ばれます。
呼びかけの反応に合わせて、表情やしぐさを加えて演じましょう。

使う絵人形

パンダ

こぶた

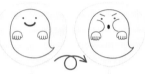
おばけ

かっぱ

①

今日はいろいろな動物さんが、
自分のじょうずにできることを
教えに来てくれましたよ。
なにがじょうずなのかな？
聞いてみようね。

②

最初は
パンダちゃん。

▶パンダのうちわ
　を持って表を見
　せ、歌う。

♪パンダちゃん（はい）⎫
　パンダちゃん（はい）⎬ A
おへんじじょうずにできました
A を繰り返す

▶「はい」で返事をする
　しぐさをしながら、う
　ちわを裏返す。

3

♪ねっ！ ねっ！ じょうず

パンダちゃん、お返事が
じょうずだったね。

4

今度はこぶたちゃんが来ましたよ。
こぶたちゃんは、
なにがじょうずなのかな？

▶こぶたのうちわ
を持って、表を
見せ歌う。

♪こぶたちゃん（せんせいおしっこ）
こぶたちゃん（せんせいおしっこ）〕**B**
おしっこじょうずにいえました
Bを繰り返す

▶「せんせいおしっ
こ」でこっそり伝
えているようなし
ぐさをしながら、
うちわを裏返す。

5

♪ねっ！ ねっ！
じょうず

こぶたちゃんは、
おしっこがじょうずに
言えるんだって。
みんなも、じょうずに
言えるよね。

6

さあ、今度はおばけちゃんが来てくれましたよ。
おばけちゃんはなにがじょうずなのかな？

♪おばけちゃん（あっぷっぷ）
おばけちゃん（あっぷっぷ）〕**C**
にらめっこじょうずにできました
Cを繰り返す

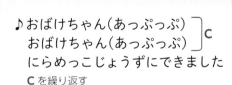

▶おばけのうちわ
を持って表を見
せ、歌う。

▶「あっぷっぷ」でほっ
ペをふくらまし、う
ちわを裏返す。

7

♪ねっ！ ねっ！
じょうず

みんなも一緒に
あっぷっぷー
できたかな。

⑧ 次は、かっぱちゃんが
みんなに会いに来ましたよ。
かっぱちゃんはなにが
じょうずなのかな？

♪かっぱちゃん（いないいない　ばあ）
かっぱちゃん（いないいない　ばあ）┐D
いないいないばあじょうずにできました
Dを繰り返す

▶「いない　いない」
でうちわを裏返し、
「ばあ」で表に戻す。

いない
いない

ばぁ

▶かっぱのうちわ
を持って表を見
せ、歌う。

⑨ ♪ねっ！ ねっ！　じょうず

「いないいないばあ」は、
みんなもじょうずに
できるよね。

⑩ 今日は、お友だちが
いろいろな「じょうず」を
教えてくれましたね。
みんなの「じょうず」も教えてね。

▶すべてのうちわを
表にして持つ。

♪ね！ね！　じょうず

作詞・作曲 / 阿部恵

1.パン ダ ちゃん　　（はい）　パン ダ ちゃん　　（はい）　お　　　へ んじじょうず に できました
2.こぶ た ちゃん（せんせいおしっこ）こぶ た ちゃん（せんせいおしっこ）お　　　し っこじょうず に いえました
3.おば け ちゃん　（あっぷっぷ）　おば け ちゃん　（あっぷっぷ）　に　　　ら めっこじょうず に できました
4.かっ ぱ ちゃん（いないいない ばあ）かっ ぱ ちゃん（いないいない ばあ）いないいない　　ば あじょうず に できました

パン ダ ちゃん　　（はい）　パン ダ ちゃん　　（はい）
こぶ た ちゃん（せんせいおしっこ）こぶ た ちゃん（せんせいおしっこ）　　┐
おば け ちゃん　（あっぷっぷ）　おば け ちゃん　（あっぷっぷ）　　ねっ！ ねっ！じょう ず
かっ ぱ ちゃん（いないいない ばあ）かっ ぱ ちゃん（いないいない ばあ）

ブレーメンの音楽隊

演者の体を舞台にしたコンパクトなシアターです。
7場面で構成された短い作品なので、すき間時間にも楽しむことができます。

1 枚めくるごとに、
肩の後ろまで、紙を
動かすようにします。

使うもの

ペンダントシアター

ペンダント
シアター入れ　場面1　　場面2　　場面3

場面4　　場面5　　場面6　　場面7

めくり方

①

これから『ブレーメンの音楽隊』の
ペンダントシアターをはじめます。

▶ペンダントシアター入れを見せる。

なにが出てくるかな……。

▶ペンダントを引き出す。

②

そう、大きなペンダントです。
それでは『ブレーメンの音楽隊』
はじまり、はじまり。

▶ひもを首にかけ、場面1を見せ、タイトルを読む。

あるところに、ロバがいました。歳をとって
働けなくなったので、主人に「出ていけ！」と、
家から出されてしまいました。
ロバは「これからどうやって暮らそう……。
そうだ、ぼくは音楽が好きだからブレーメン
に行って音楽隊に入ろう！」と、言いました。

▶ロバを指さしながら
セリフを言う。

③ ロバは、ブレーメンに向かって歩き出しました。
しばらく行くと、イヌ、ネコ、ニワトリに会いました。
みんなも歳をとって役に立たなくなったので、
家を追い出されたというのです。
そこで、みんな一緒にブレーメンに行くことになりました。

▶イヌとネコ、ニワトリを順に指さしながら、セリフを言う。

④

▶適当なメロディーを口ずさみながら、
　1枚めくり、場面②を出す。

♪ブレーメンへ行こう
　ブレーメンへ行こう……

歩いていると、
だんだん暗くなってきました。
おなかもすいてきたし、どこかに
休む場所も見つけなくてはいけません。
ニワトリが木の上に登って見まわすと、
「先の方に明かりが見えます」
みんなは、明かりの
方に歩いていきました。

⑤

▶1枚めくり、場面③を出す。

明かりのある家に着いたので、
窓からそっとのぞいてみました。
すると、なかにいたのは泥棒たち。
「今日は、たくさん盗めたな！」
「お宝がたくさんだ！」
「酒も、食べ物もたくさん！」
「ワッハッハー！」という声が
聞こえます。

動物たちは話し合います。
「あっ、あれは泥棒！」
「みんなで
やっつけよう！」
「そうしよう！」
「いい考えがある！」

⑥

▶1枚めくり、場面④を出す。

ロバの上にイヌ。イヌの上にネコ。
ネコの上にニワトリが乗りました。
そして、みんなで……。「ヒヒーン！　ワンワン！
ニャンニャン！　コケコッコー！　ヒヒーン！　ワンワン！
ニャンニャン！　コケコッコー！」と叫びました。
泥棒たちは「わー、なんだ、なんだ！」「窓を見ろ、おばけだー！」
「逃げろ、逃げろ！」と大慌て。

7

泥棒たちがいなくなったので、
みんなは家のなかに入ってみました。
するとテーブルには、ごちそうがたくさん！

おなかがすいていたので、みんなで、
おなかいっぱい食べました。
そして、眠ることにしました。
そのころ、家の外では泥棒たちが、
家の明かりが消えるのをじっと待っていました。

▶1枚めくり、場面⑤
を出す。

8

泥棒たちは「よし、家を取り返すんだ！」
と、家にそっと入ると、奥のほうでなにかが
キラキラ光っています。

▶1枚めくり、場面⑥を出す。

「ひゃー、やっぱりおばけだ！
逃げろ！　逃げろ！」
泥棒たちは、ぶるぶる震えながら
逃げていきました。

9

それからというもの、もう、
泥棒たちは来なくなりました。
ロバとイヌとネコとニワトリは、
この家がとても気に入りました。
4匹はこの家で音楽を演奏したり、
歌ったりして、楽しく暮らしたそうですよ。

▶1枚めくり、場面⑦を出す。

10

『ブレーメンの音楽隊』の
お話、おしまい。

▶すべてを前に戻し
て場面①を出す。

ポイント

● 指で絵が隠れないように、持ち方に注意しましょう。
● めくりやすいかどうか、前もって、ひもの長さをチェックしておきます。
● 動物が鳴いているところや、「おいしい」「おばけ」などは、手で動作をつけるとよいでしょう。
● ストーリーの大筋を頭に入れ、年齢にあわせた言葉で話をするとよいでしょう。

0歳から　➡作り方 P.155　➡型紙 P.156

小さなクリスマスツリー

小さな紙がどんどん大きくなっていくのと同時に、子どもたちの喜びも大きくなっていきます。
「チチンプイのプイ！」と子どもと一緒に呪文を唱える、参加型シアターです。

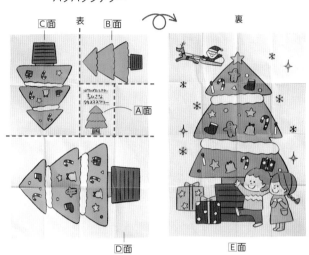

使うもの

パタパタシアター

C面　表　B面　　裏

A面

D面　　E面

※ A3 用紙で作っています。

①

もうすぐ
クリスマスだね。
今日は、ポケットに
いいものを
持ってきましたよ。

▶ポケットに折りたたん
だ、パタパタシアター
を入れておく。

②

はい、こちら。
「パタパタシアター
ちいさな　クリスマスツリー」って
書いてあります。
小さなモミの木ですね。

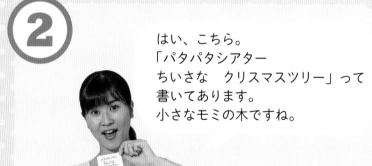

▶ポケットからパタパタ
シアターをとり出し
て、A面を見せる。

このモミの木に魔法をかけて
大きく、すてきなクリスマスツリーに
します。みんなも一緒に、
「大きくなーれ、大きくなーれ、
チチンプイのプイ！」

③

▶魔法をかけるし
ぐさをする。

④ 見てください。
少し大きくなり、鉢もつきました。
でも、クリスマスツリーにしては
まだ小さいね？
もっと大きな声で
魔法をかけてみましょう。

▶折りをひとつ開いて、
B面を見せる。

⑤ 「大きくなーれ、
大きくなーれ、
チチンプイのプイ！」

▶魔法をかける
しぐさをする。

⑥ わー、こんなに大きくなりましたー！
飾りもあります。
すごいね！　もっと大きくて、
すてきなツリーにしたいね。

▶さらに折りをひとつ開
いて、C面を見せる。

⑦ 「大きくなーれ、
大きくなーれ、
大きくなーれ、
チチンプイのプイ！」

▶魔法をかける
しぐさをする。

うわー、だいぶ
大きくなりました。
飾りも増えています。
もっと？　じゃあ、
みんなで大きな声で、
さんはい！

⑧

▶さらに折りを
開いて、D面
を見せる。

⑨

「もっと大きなーれ、もっと大きくなーれ、
大きなクリスマスツリーになーれ！
チチンプイのプイ！」
さあ、どうかな？

▶魔法をかけるしぐさをする。

⑩

どうかな……

▶さらに開く。

⑪

お、お、お……

▶裏返す。

⑫

じゃーん！
こんなに大きくてすてきな
クリスマスツリーに
なりました！
プレゼントもあります！

小さなクリスマスツリーが、みんなのパワーで
こんなに大きくなりましたよ！
みんなのところにも、サンタさんが
プレゼントを持ってきてくれるといいですね！

▶E面を見せる。

ポイント
● 前の場面とどこが違っているのか、変化を見つけるのもよいでしょう。
● 子どもにしかけを伝え、作品を演じる楽しさを感じてもらうこともできます。

これぞ春の七草

次々と絵が出てくる絵巻物に、子どもたちがくぎづけになる作品です。
七草を覚えることもできますね。

使うもの

絵巻物シアター

せり　なずな　ごぎょう　はこべら　ほとけのざ　すずな　すずしろ

巻いたところ　　開いたところ

① 今日はいいものを持ってきました。
「絵巻物シアター　これぞ春の七草」と
書いてあります。今度の1月7日は
「七草がゆ」を食べる日です。
新しい年になって、初めて7のつく日に
7つの野菜が入ったおかゆを食べると、
一年間病気をしないで、
健康に過ごせるそうです。

▶絵巻物シアターをとり出して、
タイトルを指さす。

② それでは、
その7つの野菜って
どんな野菜でしょうか。
このひもをほどいて
見てみましょうね。

▶ひもを
ほどく。

③ これ、なにかな？
「せり」と書いてあります。
一緒に言ってみましょう。
「せり」

せり

▶少しずつ紙を引いて「せり」
を出し、子どもと一緒に言う。

④ 次は「なずな」です。
それでは一緒に
「なずな」

なずな

▶「なずな」を出し、子ども
と一緒に言う。

⑤ ▶ 「ごぎょう」を出し、
子どもと一緒に言う。

次は「ごぎょう」です。
それでは一緒に
「ごぎょう」

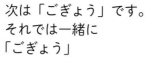

⑥ ▶ 「はこべら」を出し、
子どもと一緒に言う。

次は「はこべら」です。
それでは一緒に
「はこべら」

⑦

次は「ほとけのざ」です。
それでは一緒に「ほとけのざ」

これでいくつかな？
そうだね5つ出たね。

▶ 「ほとけのざ」を出し、
子どもと一緒に言う。

⑧

次は、「すずな」です。
あれ、これは見たことがあるね。

▶ 「すずな」を出し、
子どもと一緒に言う。

そうだね。「かぶ」のことを
昔の言葉で「すずな」と
言ったそうです。
それでは一緒に「すずな」

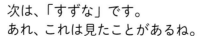

⑨

最後は、「すずしろ」です。
そうだね、これは、だいこんだね。

これも昔の言葉で
「だいこん」のことを
「すずしろ」と言ったそうです。
それでは一緒に「すずしろ」

▶「すずしろ」を出し、
子どもと一緒に言う。

⑩

7つの野菜が全部出ました！
そして……、「これぞ春の七草」
おいしそうな七草がゆです。
今はスーパーや八百屋さんで、
セットになった七草を買えますが、
いろいろな野菜を入れて、
七草にしても
よいそうですよ。

▶おかゆまですべて出す。

⑪

もう1回やって
みましょうか？
全部覚えたら、
おうちの人、
びっくりしますよ！

▶巻物を巻き戻
して、繰り返
し楽しむ。

ポイント

● 4〜5歳児になると、覚えることに楽し
みを感じます。一度に覚えようとするの
ではなく、何日か繰り返し、楽しみなが
ら覚えていきましょう。

●「やってみたいお友達はいますか？」と子
どもたちに絵巻物シアターを渡して、子ど
もたちが演じられるようにしてもよいで
しょう。

● すずな（かぶ）とすずしろ（だいこん）は、な
じみのある野菜なので、「これはなにか
な？」と、子どもに問いかけ、野菜の説明
を入れてもよいでしょう。

●「ご家庭でも、家族のみなさまで七草を覚
えてみてはいかがでしょうか」と、クラス
だよりなどで呼びかけてもよいでしょう。

● 本物の七草を見てもよくわかりませんが、
イラストだとわかりやすいのが特徴です。

やってみたい
お友達は
いますか？

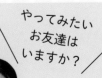

「花火」をあげよう

もとは、竹の中から阿弥陀様が後光をせおって現れるという、
おめでたいからくり玩具です。身近な素材で作ることができ、
誕生日以外にも、楽しいことやうれしいことがあったときに
花火をあげてお祝いをしましょう。

使うもの

花火

①

今日はね、
楽しいものを
持ってきましたよ。
なんでしょう？
ポケットに
入っています。

▶ポケットに入っ
ている花火を指
さす。

②

こたえは花火です。
夏の夜空には、
大きな花火が上がりますね。
今日は、みんなで
「5、4、3、2、1、0（ゼロ）」と
一緒に言って、大きな花火を
上げましょう。

▶花火をとり出して見せる。

③

\5/　　　\4/　　…………　\0（ゼロ）！/

▶カウントダウンの数
字を子どもたちと一
緒に言う。

④

ヒュー

ドカーン！

▶持ち手を少しずつ
上にあげながら、
花火を開く。

やったー！
きれいな花火が
上がりましたね。

⑤

実はね、もうひとつ
違う花火も上げることが
できるんです。

▶持ち手を元に戻して、
筒を裏返す。

もう一回、みんなで
「5、4、3、2、1、0」を
言ってみましょう。
いきまーす！

⑥

5   4   ‥‥‥‥   1

▶カウントダウンの
数字を子どもたち
と一緒に言う。

7

ヒュー↑

▶ 持ち手を少しずつ上にあげながら、花火を開く。

＼ ドカーン！ ／

すごいね。
きらきらしていますね。
みんなのおかげで
すてきな花火が見られました。
どうもありがとう！

アレンジ

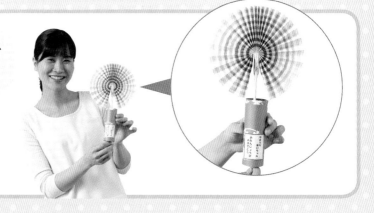

「お誕生日プレゼント花火」
として、誕生児の名前入りの
花火をプレゼントできます。
また、「さかあがりができた
で賞」「かけっこ一番で賞」
など、うれしいことがあった
日に、花火を上げ、お祝いを
しても楽しめます。

やまうらまいちゃん、
5歳の誕生日
おめでとう！

作り方　材料：包装紙・割りばし・トイレットペーパーの芯・水性ペン・セロハンテープ・両面テープ

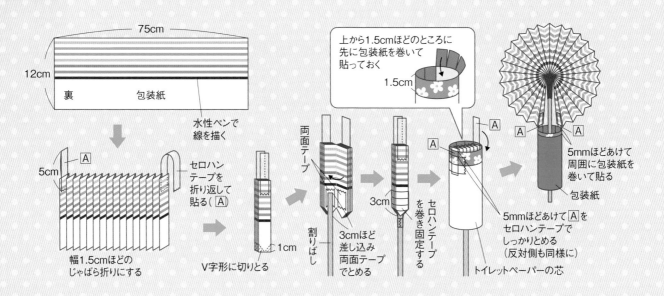

75cm

12cm

裏　　包装紙

水性ペンで
線を描く

5cm　A

セロハン
テープを
折り返して
貼る（A）

幅1.5cmほどの
じゃばら折りにする

1cm

V字形に切りとる

両面テープ

割りばし

3cmほど
差し込み
両面テープ
でとめる

3cm

セロハンテープ
を巻き固定する

上から1.5cmほどのところに
先に包装紙を巻いて
貼っておく

1.5cm

A

A　A

A

5mmほどあけて
周囲に包装紙を
巻いて貼る

包装紙

5mmほどあけてAを
セロハンテープで
しっかりとめる
（反対側も同様に）

トイレットペーパーの芯

作り方・型紙

型紙は 200％に拡大をして使用してください。
拡大率が 200％でない型紙は表示してあるので、参考にしてください。

▶ パネルシアター　基本の作り方

●パネルの作り方

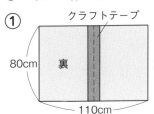

① クラフトテープ

80cm　裏

110cm

段ボール板を2枚、クラフトテープで貼り合わせる。

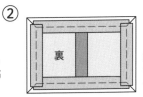

② 裏

表をパネル布で覆って、裏を粘着テープで貼りつける。

●パネルシアター　基本の絵人形の作り方

① 型紙の拡大コピー

Pペーパー

型紙を拡大コピーして、Pペーパーに鉛筆で絵を描く。

②

ポスターカラーで色をつけ、乾いたらりんかくを油性のフェルトペンで描く。

③

余白を切り落とす。

パネル布と Pペーパーについて

「パネル布」とは、絵人形（「Pペーパー」）がくっつきやすいようにパネルに貼って使用されたり、絵人形同士を2枚重ねてはるときの裏打ちに使われたりする布です。
「Pペーパー」とは、絵人形を制作するための紙（不織布）をより、並口と厚口があります（本書はそれぞれの絵人形に使用する「並口」「厚口」を記載）。保育業者や大型書店、ネットで購入することができます。

※表裏で絵柄が異なる場合は、表と裏に別々の絵柄を描いた並口のPペーパーに、普通紙を間にはさんで貼りつけて作る。

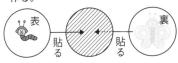

表　貼る　貼る　裏

▶ ペープサート　基本の作り方

●ペープサート　基本の絵人形の作り方

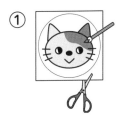

①

型紙を拡大コピーし、画用紙を貼り、ポスターカラーで色をつける。乾いたら切りとる。

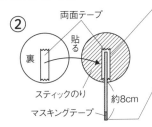

② 両面テープ

裏　貼る

スティックのり

マスキングテープ

割りばしの持ち手をつけ、スティックのりで①を貼り合わせる。

両面テープを2/3くらいの位置まで貼り、割りばしの持ち手をつける。

安全のためにマスキングテープを巻くと、子どもにも渡せる。

約8cm

※絵柄が片面の場合も同様に両面テープで割りばしの持ち手をつけ、裏に画用紙を貼る。

持ち手について

絵人形が入る部分は、紙がやぶれないように、カッターナイフで平らに削る。

ペープサート舞台に刺すときは、端を鉛筆削りで削る。先端は危なくないようにはさみなどで切っておく。

●ペープサート舞台の作り方（簡易式ダンボール舞台）

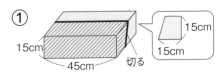

①

15cm　15cm
15cm
45cm　切る

段ボールを図のように切りとる。

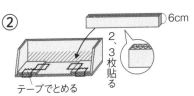

②

6cm

2、3枚貼る

テープでとめる

切りとった段ボールに2、3枚重ねた段ボールを貼る。

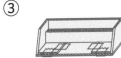

③

段ボールの目に、ペープサートの絵人形を刺して使える舞台の完成。

P.6 ひよこちゃんのあまえちゃんしていい？

※「ひよこちゃん」「お母さん」「草むら(大)①」「草むら(小)①」の型紙は、P.10『ひよこちゃんのお空がとべていいな』でも使用します。

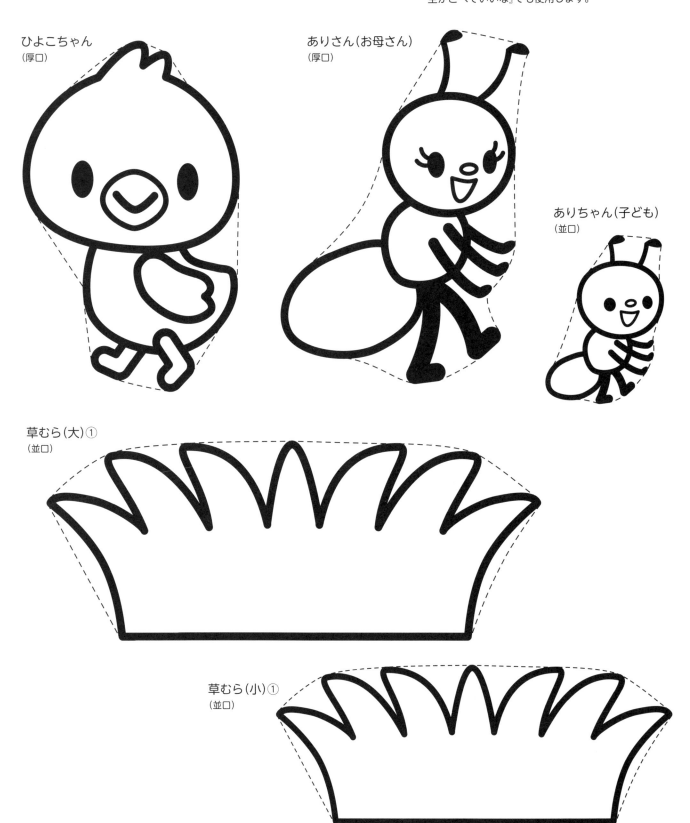

ひよこちゃん
(厚口)

ありさん(お母さん)
(厚口)

ありちゃん(子ども)
(並口)

草むら(大)①
(並口)

草むら(小)①
(並口)

82

かたつむりさん（お母さん）
（厚口）

かたつむりちゃん（子ども）
（並口）

かえるちゃん（子ども）
（並口）

かえるさん（お母さん）
（厚口）

小川とめだかちゃん（子どもたち）
（厚口）

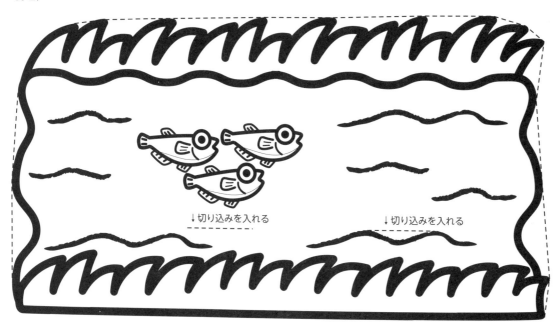

↓切り込みを入れる　　　　　　　↓切り込みを入れる

お母さん
（厚口）

めだかさん（お母さん）
（厚口）

ひよこちゃんのお空がとべていいな

草むら(大)②
(並口)

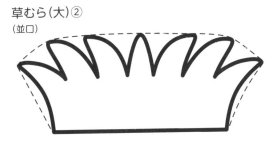

ちょうちょう
(並口)

草むら(小)②
(並口)

ふくらんだひよこちゃんⒶ
(並口)

ふくらんだひよこちゃんⒷ
(並口)

作り方

ふうせん草（大）の裏をポケット状にして、ふうせん草の実が差し込めるしかけにする。

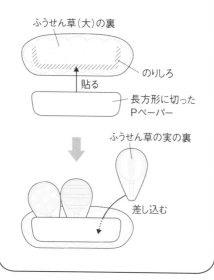

ふうせん草（大）の裏

のりしろ

貼る

長方形に切った
Pペーパー

ふうせん草の実の裏

差し込む

ふくらんだひよこちゃん©
（並口）

ふうせん草の実
（厚口）

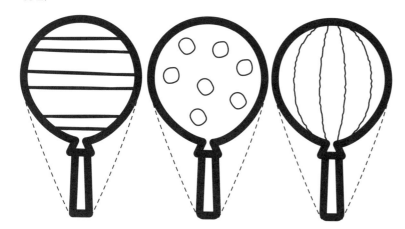

86

カラス
（並口）

ふうせん草(小)
（並口）

ふうせん草(大)
（並口）

「ぱ～ん」の吹き出し
（並口）

クリームシチュー

作り方

クリームシチューの
材料が入れられるよ
うに、Pペーパーで
鍋を2枚作り、右図
のように貼り合わせ、
ポケット状にする。

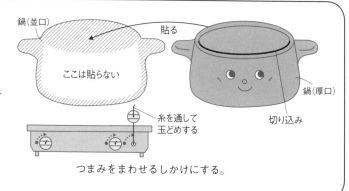

鍋(並口)
貼る
ここは貼らない
鍋(厚口)
切り込み
糸を通して
玉どめする

つまみをまわせるしかけにする。

鍋
(並口)

バター
(並口)

↓切り込みを入れる

鍋
(厚口)

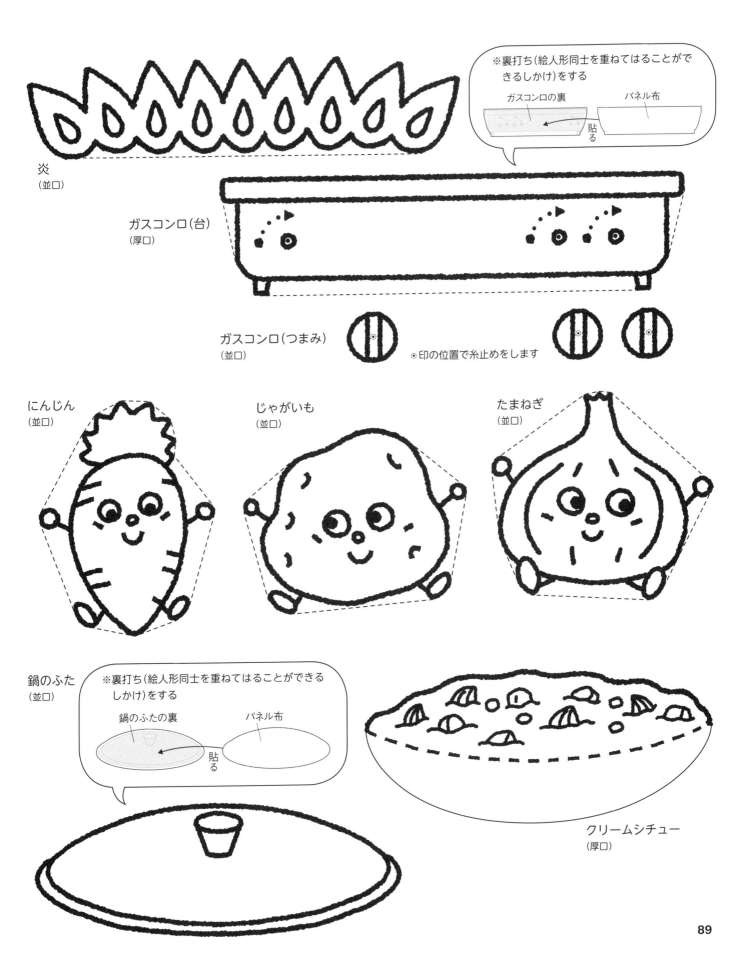

炎
（並口）

※裏打ち（絵人形同士を重ねてはることができるしかけ）をする

ガスコンロの裏　　　パネル布

貼る

ガスコンロ（台）
（厚口）

ガスコンロ（つまみ）
（並口）

⊙印の位置で糸止めをします

にんじん
（並口）

じゃがいも
（並口）

たまねぎ
（並口）

鍋のふた
（並口）

※裏打ち（絵人形同士を重ねてはることができる
しかけ）をする

鍋のふたの裏　　　パネル布

貼る

クリームシチュー
（厚口）

水
（並口）

とり肉
（並口）

トレー
（厚口）

切り込みを入れる

ルー
（並口）

グリーム
シチュー

ルーの箱
（並口）

グリンピースB
（並口）

牛乳
（並口）

※裏打ち（絵人形同士を重ねてはることができるしかけ）をする

ルーの箱の裏

貼る

パネル布

グリンピースA
（並口）

----- に切り込みを入れ、グリンピースBが差し込めるようにする

MILK

作り方

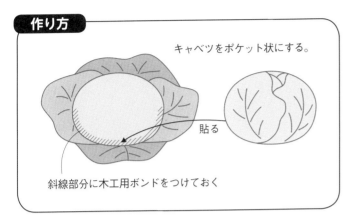

キャベツをポケット状にする。

貼る

斜線部分に木工用ボンドをつけておく

おとうさんあおむし
（並口）

おかあさんあおむし
（並口）

おとうさんちょうちょう
（並口）

おかあさんちょうちょう
（並口）

あかちゃんちょうちょう
（並口）

あかちゃんあおむし
（並口）

おにいさんあおむし
（並口）

おにいさんちょうちょう
（並口）

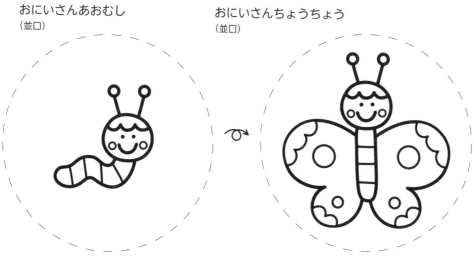

おねえさんあおむし
（並口）

おねえさんちょうちょう
（並口）

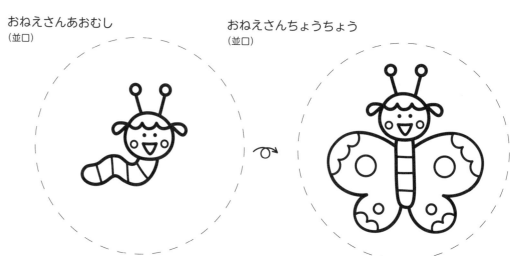

キャベツ
（厚口）

※キャベツは300％に拡大コピーをして、使用してください。

（厚口）

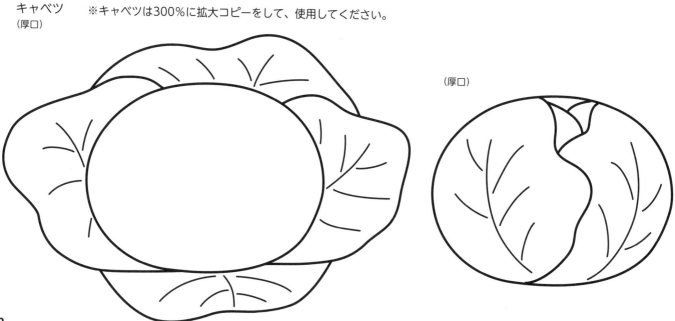

とっつこうか ひっつこうか

※斜線部分は黒く塗りつぶします。
※ブラックライトシアターは蛍光のポスターカラーで着色します。

小判(10枚)
(並口)

作り方

貼る
ここは
貼らない
貼る
おじいさんの背景（黒く塗ったPペーパー）

焚き木
焚き木をはさみ
糸を通して
玉どめする

一番星
(並口)

おじいさんの背景
(並口)

おじいさん
(厚口)

◉印の位置で糸止めをします

焚き木
(厚口)

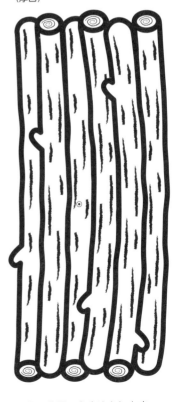

◉印の位置で糸止めをします

隣のおじいさん(表)
(並口)

貼り合わせる

隣のおじいさん(裏)
(並口)

隣のおじいさんの眉毛
(並口)

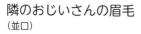

※隣のおじいさん(表)のひたいの
　⊙印の位置で糸止めををします。

隣のおじいさんの右手
(並口)

隣のおじいさんの左手
(並口)

※表裏作り、隣のおじいさん(表)の肩の⊙印の位置で
　糸止めをします。

かさおばけ
(並口)

ちょうちんおばけ
(並口)

おばけ
(並口)

ねこおばけ
(並口)

ムカデ
(並口)

ヘビ
(並口)

ミミズ
(並口)

コウモリ
(並口)

「ひっつこうか〜」の吹き出し
（厚口）

「とっつこうか〜」の吹き出し
（厚口）

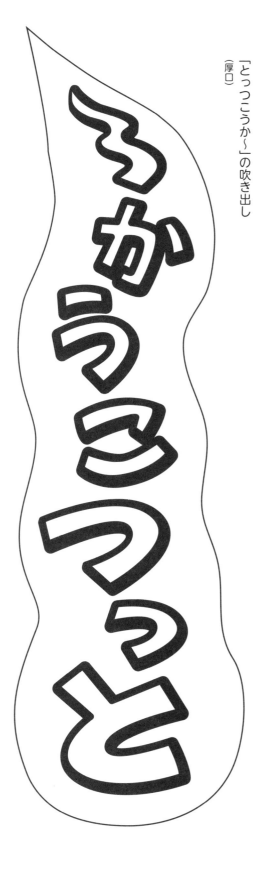

ネコ　　　　（表）　　　　　　　　　　　　　　（裏）

ネズミ　　　（表）　　　　　　　　　　　　　　（裏）

ブタ　　　　（表）　　　　　　　　　　　　　　（裏）

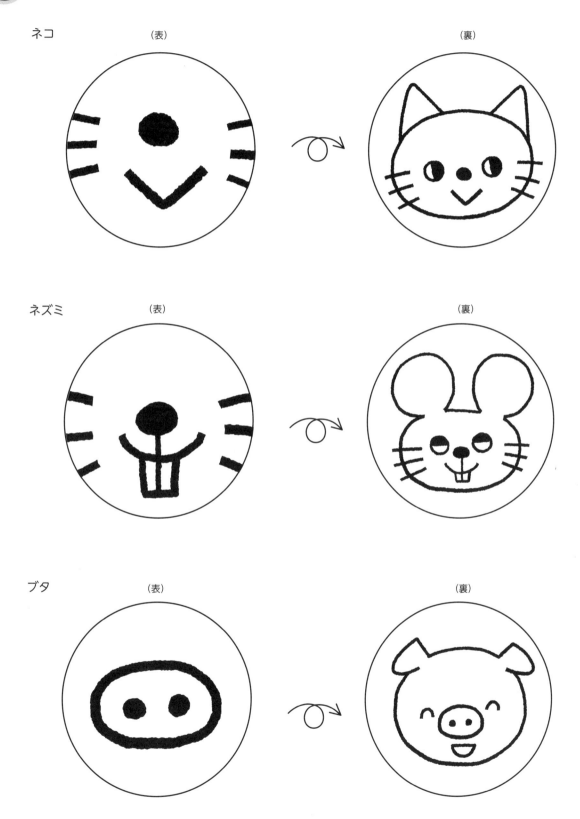

ウシ

（表）　　　　　　　　　　（裏）

ゴリラ

（表）　　　　　　　　　　（裏）

カッパ

（表）　　　　　　　　　　（裏）

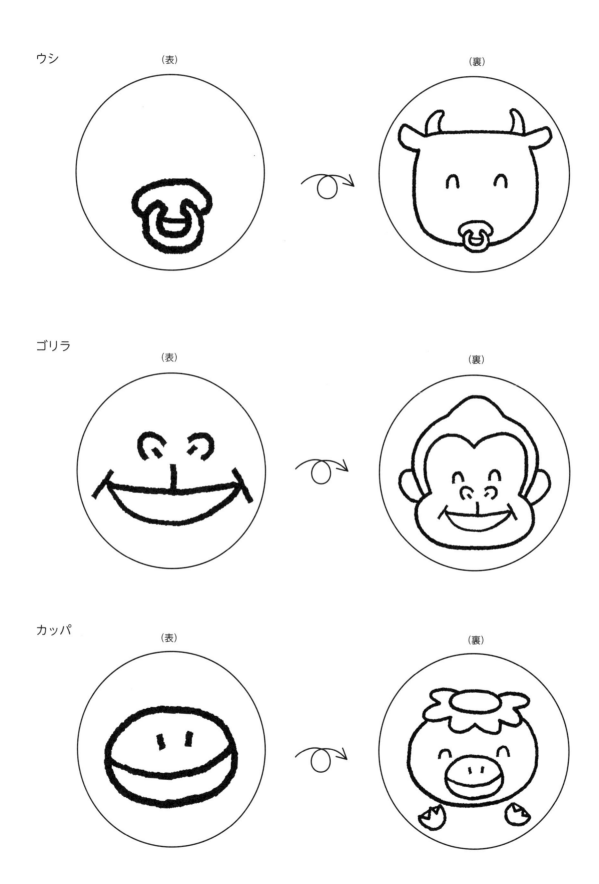

ゾウ　（表）　（裏）

オバケ　（表）　（裏）

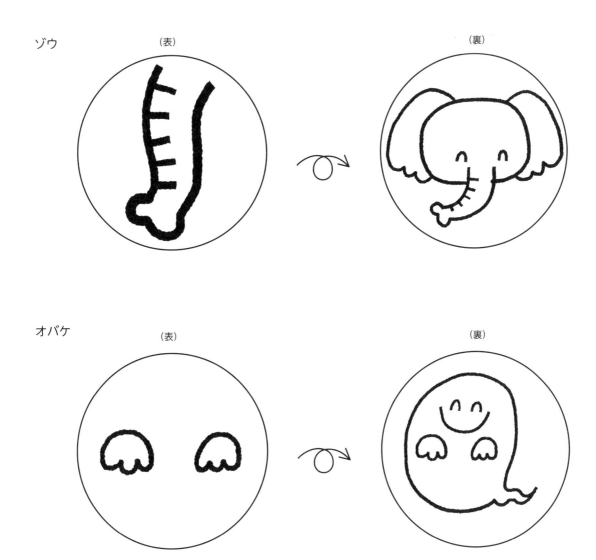

てをたたこう

(表)　　　　　　　　　　　　　(裏)

あしならそう

(表)　　　　　　　　　　　　　(裏)

かたたたこう

（裏）

※イラスト下にある文章は、裏の
　イラストに対応している文章で
　す。演じる際、子どもに表のイ
　ラスト見せながら、裏に書いて
　ある文章を読みます。

1 「お話をきくときは」

「相手の目を見てしっかり聞きます」

「相手の目を見てしっかり聞きます」

1 「お話をきくときは」

② 「返事・あいさつは」

「大きな声ではっきり言います」

「大きな声ではっきり言います」

② 「返事・あいさつは」

3 「お世話になったときは」

「ありがとうございました」

「ありがとうございました」

3 「お世話になったときは」

4 「姿勢は」

「胸をはり背筋をのばします」

「胸をはり背筋をのばします」

4 「姿勢は」

5 「歩くときは」

「胸をはりさっさと歩きます」

「胸をはりさっさと歩きます」

5 「歩くときは」

6 「家へあがるときは」

「はきものをそろえます」

「はきものをそろえます」

6 「家へあがるときは」

7 「話し合いは」

「相手の話を聞いてから話します」

「相手の話を聞いてから話します」

7 「話し合いは」

8 「食事のときは」

「口のなかの食べ物がなくなってから話します」

「口のなかの食べ物がなくなってから話します」

8 「食事のときは」

9「おじぎは」

「ていねいに行います」

「ていねいに行います」

9「おじぎは」

110

⑩「おやつは」

「食事前には食べません」

「食事前には食べません」

⑩「おやつは」

11 「ことばは」

「悪いことばは使いません」

「悪いことばは使いません」

11 「ことばは」

P.36 あひるはグワグワ

作り方

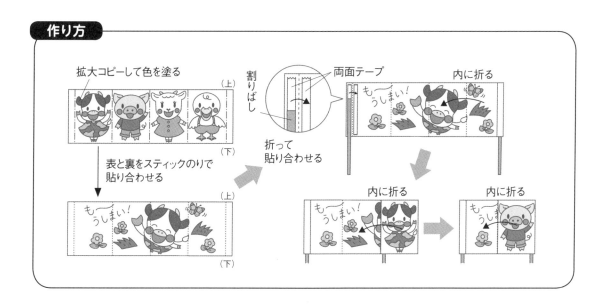

P.46 このくだものなーに　　**P.50** このやさいなーに

作り方

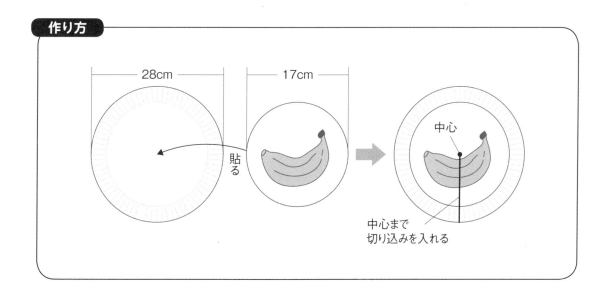

114

バナナ

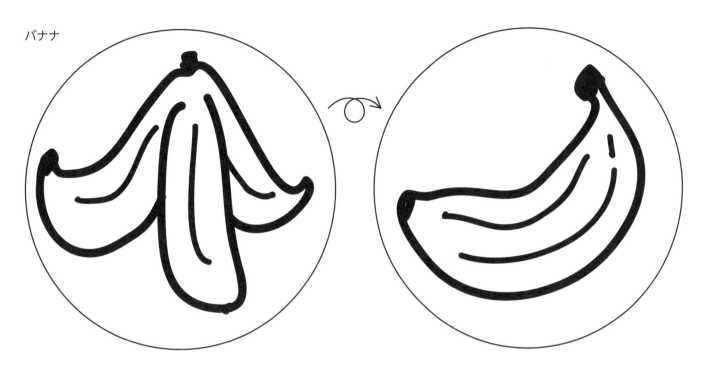

リンゴ

ミカン

ブドウ

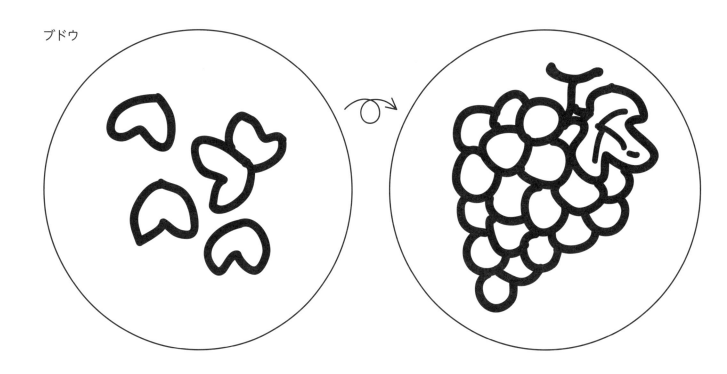

ナシ

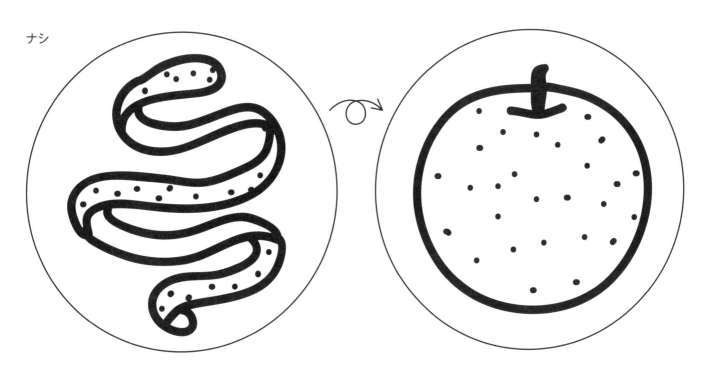

カキ

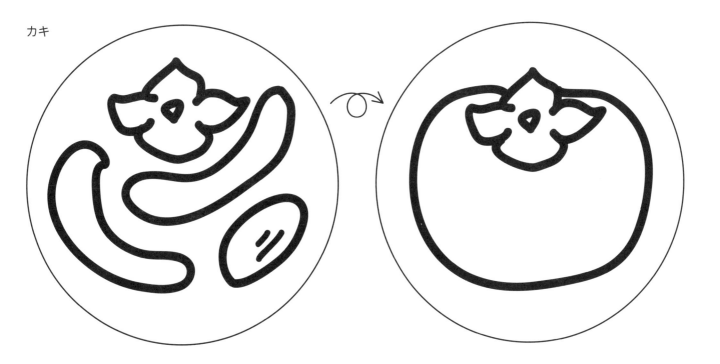

サクランボ

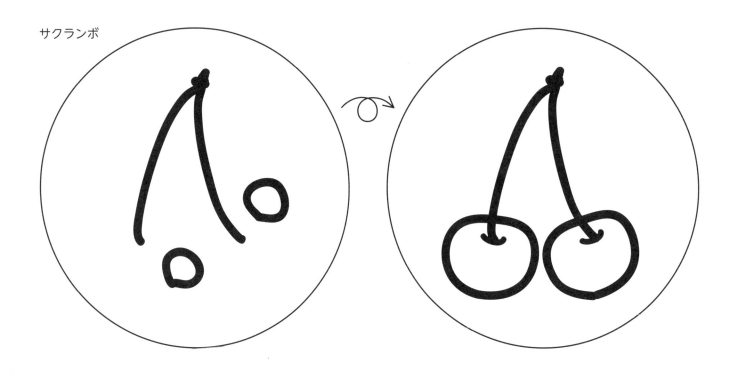

イチゴ

スイカ

メロン

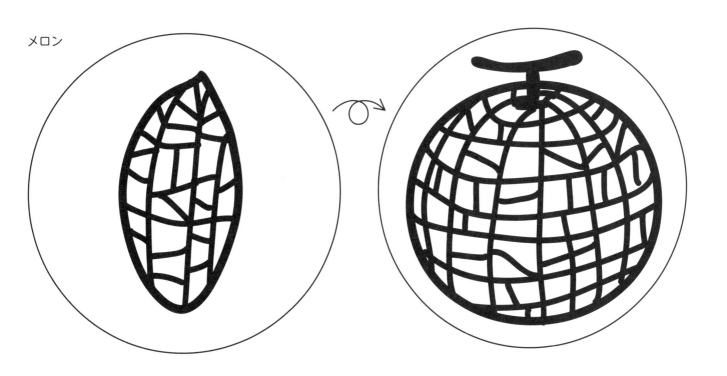

サツマイモ

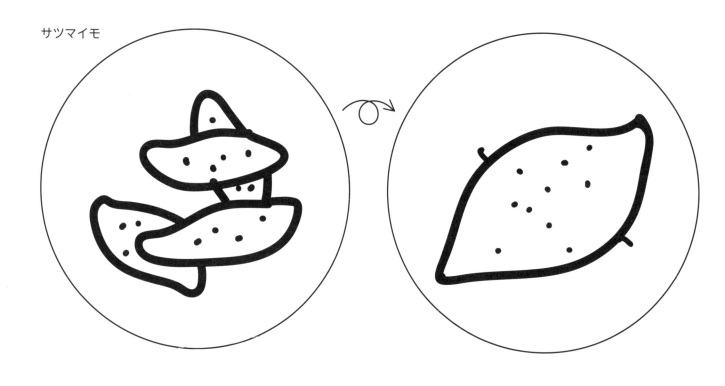

ジャガイモ

カボチャ

タマネギ

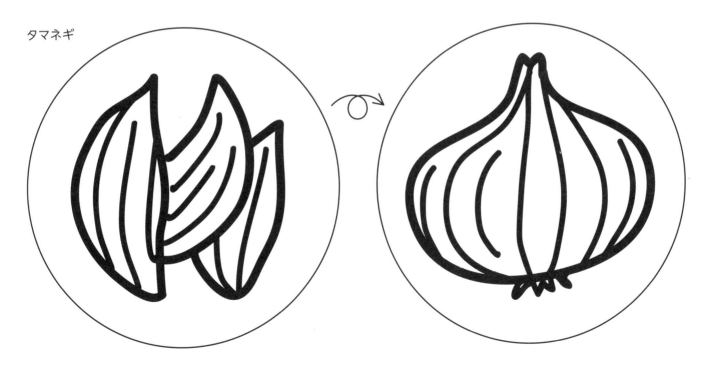

ソラマメ

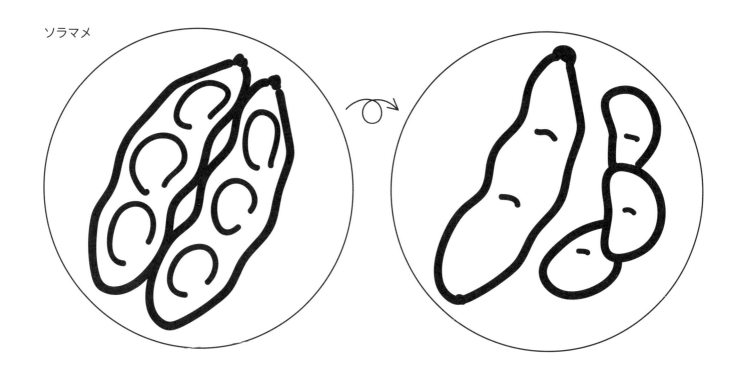

タケノコ

レンコン

トウモロコシ

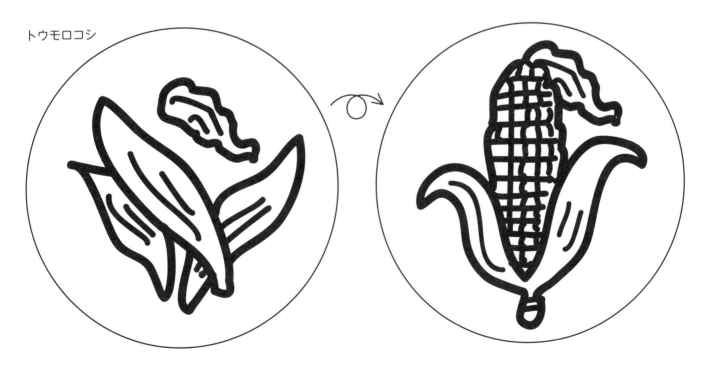

※本書の作品はB4（352㎜×251㎜）サイズのスケッチブックで作成しています。
※2・4・6・8・10枚目の中央には、切り込みを入れます。

1枚目（表紙）

2枚目（にんじん）

←切り込みを入れる

3枚目（うさぎ）

4枚目（チーズ）

←切り込みを入れる

5枚目（ねずみ）

6枚目（笹の葉）

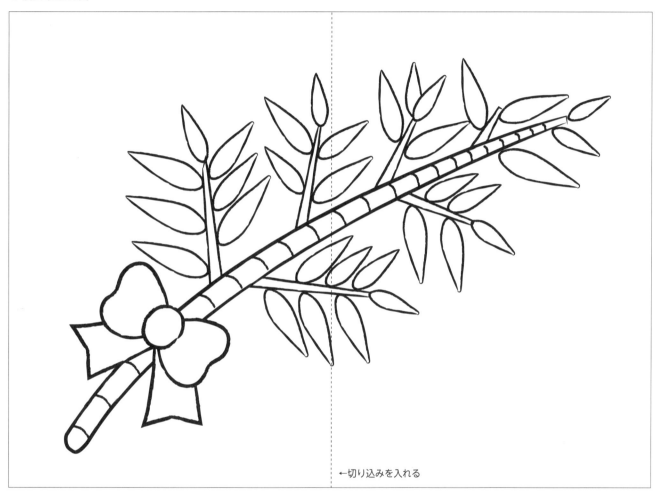

←切り込みを入れる

7枚目（パンダ）

8枚目（かわいいカード）

←切り込みを入れる

9枚目（女の子）

10枚目（すてきなカード）

←切り込みを入れる

11枚目（男の子）

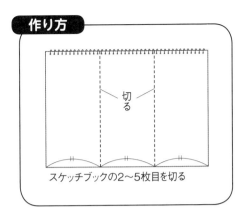

作り方

切る

スケッチブックの2～5枚目を切る

1枚目（①表紙）

1

2枚目

6 7 5

4枚目

138

5枚目

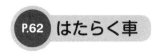 **P.62 はたらく車**

※うちわのサイズに合わせて拡大コピーをして、使用して
　ください。

パトカー

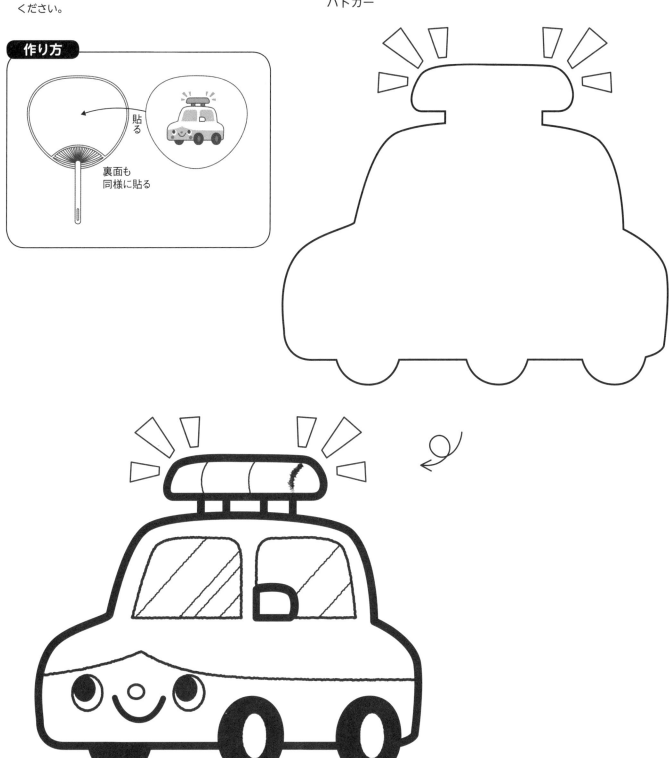

作り方

貼る

裏面も
同様に貼る

救急車

消防車

ゴミ収集車

郵便車

ダンプカー

ショベルカー

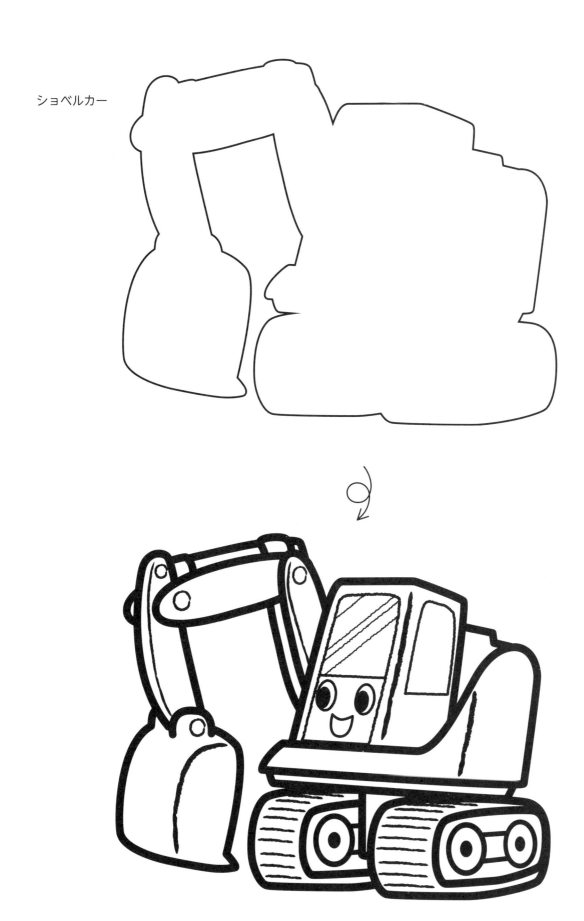

※うちわのサイズに合わせて拡大コピーをして、使用してください。

パンダ （表）

（裏）

こぶた （表）

（裏）

おばけ

（表）

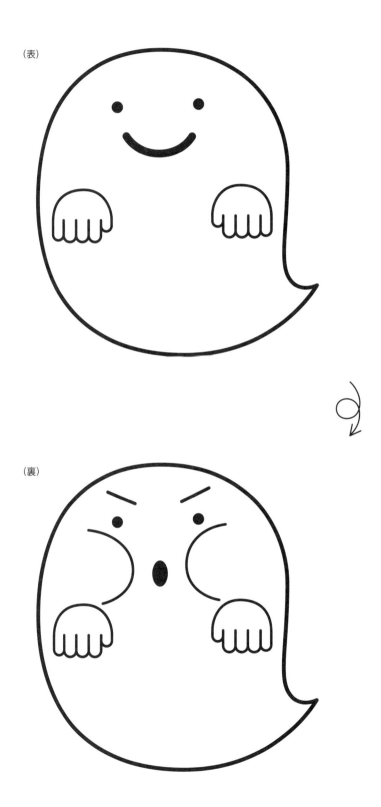

（裏）

かっぱ

（表）

（裏）

作り方

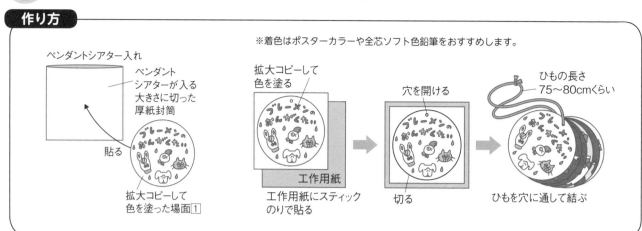

※着色はポスターカラーや全芯ソフト色鉛筆をおすすめします。

ペンダントシアター入れ

ペンダントシアターが入る大きさに切った厚紙封筒

貼る

拡大コピーして色を塗った場面①

拡大コピーして色を塗る

工作用紙

工作用紙にスティックのりで貼る

穴を開ける

切る

ひもの長さ75〜80cmくらい

ひもを穴に通して結ぶ

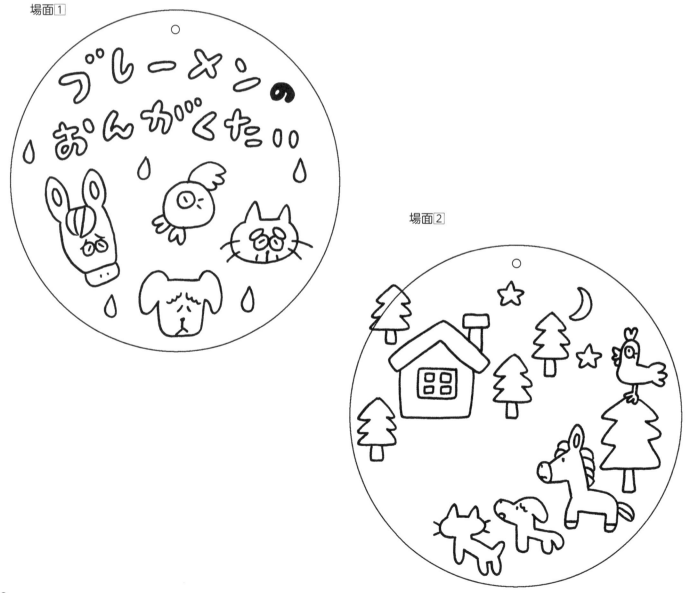

場面①

場面②

場面③

場面④

場面⑤

場面⑥

場面⑦

P.72 小さなクリスマスツリー

作り方

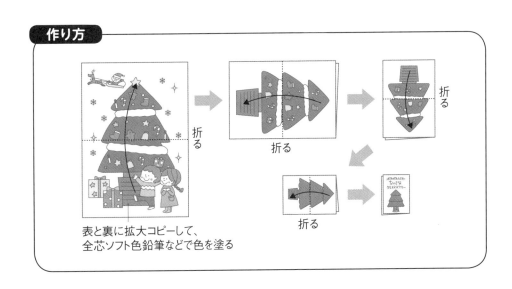

表と裏に拡大コピーして、
全芯ソフト色鉛筆などで色を塗る

折る

折る

折る

折る

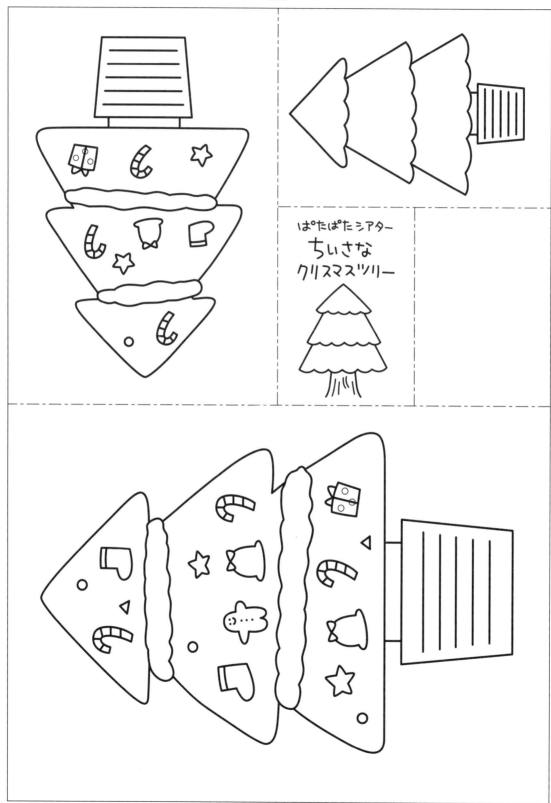

ぱたぱた シアター
ちいさな
クリスマスツリー

作り方

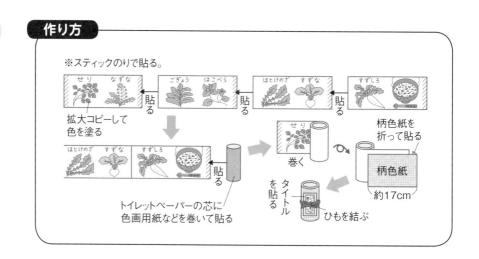

タイトル

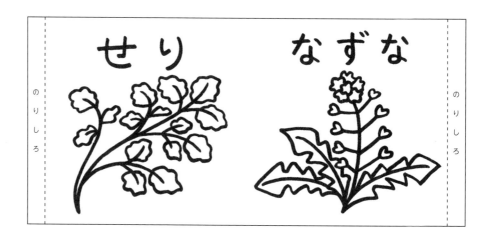

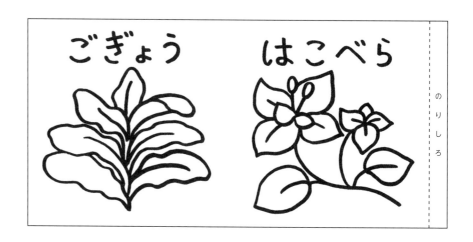

ほとけのざ　すずな

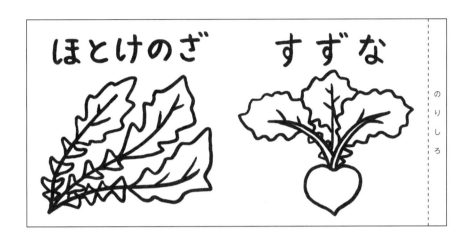

すずしろ

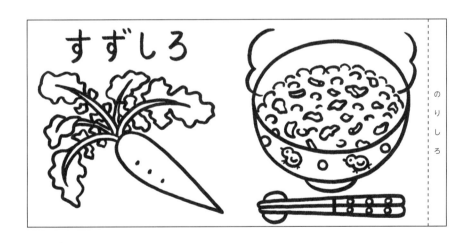

著者

阿部 恵（あべ めぐむ）

道灌山学園保育福祉専門学校保育部長　道灌山幼稚園主事。
長年保育者養成に携わりながら、保育雑誌の執筆、講演など幅広く活躍中。豊富な経験をいかし、パネルシアターやペープサートなどの作品作りと実演を行っている。『0・1・2歳児がよろこぶ かわいいペープサート』（チャイルド本社）『絵かきうたあそび決定版110』（学研教育みらい）『なぞなぞ＆ことばあそび決定版570問』（学研教育みらい）『すきま時間あそび107』（すずき出版）他、著書多数。

staff

デザイン	鷹觜麻衣子
製作	佐藤ゆみこ　町田里美　rikko
イラスト	池田蔵人　おおたきょうこ　小泉直子　ささきともえ 竜田麻衣　町田里美　見杉宗則　rikko
折り紙案	新宮文明（P.39 チューリップ、P.45 ティラノサウルス） 出典：『かぞくであそぼ！おりがみしよっ！』日本文芸社　2012年発行 おりがみくらぶ https://www.origami-club.com/
作り方イラスト・型紙	坂川由美香
浄書	前田明子
モデル	仲森千夏（GURRE）　山田 唯（GURRE）
撮影	天野憲仁（株式会社日本文芸社）
校止	みね工房
編集協力	佐藤美智代
編集・制作	株式会社童夢

日本音楽著作権協会（出）許諾第 1914347-901 号

一年通して楽しめる！
アイデアいっぱい シアターあそび
2020年3月1日　第1刷発行

著 者	阿部 恵（あべ めぐむ）
発行者	吉田芳史
印刷所	株式会社文化カラー印刷
製本所	大口製本印刷株式会社
発行所	株式会社 日本文芸社
	〒135-0001　東京都江東区毛利 2-10-18 OCM ビル
	TEL 03-5638-1660（代表）

Printed in Japan　112200214-112200214 Ⓝ 01　（180007）
ISBN978-4-537-21766-7
URL https://www.nihonbungeisha.co.jp/
© Megumu Abe 2020
編集担当　藤澤

内容に関するお問い合わせは
小社ウェブサイトお問い合わせフォームまでお願いいたします。
ウェブサイト https://www.nihonbungeisha.co.jp/